Britta Kienle

Kartenlegen leicht erlernbar

Professionelles Kartenlegen
Ein Grundstein zur Existenzgründung

Herstellung:
Books on Demand GmbH, Norderstedt

ISBN: 978-3-936568-06-6

www.brika-verlag.de
Brigitte Kienle

Bei Interesse an Seminaren und Fernkursen –

Online Kurs - Kartenlegen lernen mit Britta
Madame Lenormand
Kipperkarten
Zigeunerkarten
Tarot

Per Telefon oder über Skype.
Anfänger und Fortgeschrittene

Hilfestellung beim
Interpretieren und
Deuten Ihrer Kartenbilder

Persönliche Beratungen und Seminare
nach Terminabsprache
www.kartenlegekurse.de
Tel: 0711 316 7200

Brittas Kartenlegeforum
Lernhilfen und Lernspiele
www.kartenlegekurse.de

Sofortiges Kartenlegen
0900 57 66 20 400 – Euro 1,49/min v. d. Festnetz
ggf. abweichende Preise aus Mobilfunknetzen
Stand 2008

Autorin Britta Kienle

Liebe Leserin, lieber Leser,

das vorliegende Lehrbuch bietet Ihnen einen Leitfaden für den professionellen Umgang mit Karten.

Jeder Mensch ist ein Individuum. Dies bedeutet unter anderem, dass jede/r Kartenleger/in im Laufe der Zeit sein oder ihr persönliches System entwickeln wird.

So gibt es kein allgemein gültiges Rezept, wie oder womit Sie Ihre Beratungen durchführen können.

Daher kann seitens des Verlages oder der Autorin für sich eventuell ergebende Fehlinterpretationen oder Fehlberatungen seitens der Leserschaft keine Verantwortung übernommen werden.

Inhalt

Vorwort

Lieber Kartenleger, liebe Kartenlegerin!

In den letzten Jahren wurde immer wieder der Wunsch an mich herangetragen, nun doch noch ein weiteres Lehrbuch zu schreiben.

Das folgende Thema stand dabei stets im Vordergrund:

- Wie deutet man ein Kartenbild von Anfang bis Ende?

Ebenfalls wurde ich gefragt,

- wie ich persönlich ein bestimmtes Kartenbild deuten würde.

Nach langem Überlegen entschied ich mich, entgegen meiner ursprünglichen Überzeugung, meine eigenen Legemethoden an Sie, liebe Kunden, weiterzugeben.

In meinem Lehrbuch V (Erweiterter Kurs) habe ich bereits einige meiner persönlichen Erfahrungen erwähnt. Diese werde ich im vorliegenden Band nun noch ein gutes Stück erweitern.

Einige Dinge, die in diesem Lehrbuch VI erwähnt werden, mögen Ihnen bereits bekannt sein. Sie haben sie vielleicht schon in meinen vorherigen Lehrbüchern gelesen.

Es ist jedoch leider nicht möglich, dieses Lehrbuch zu schreiben, ohne gewisse Aussagen nahezu wörtlich zu wiederholen, da diese von besonderer Wichtigkeit sind und auch von Neulingen nicht übersehen werden dürfen.

Dieses vorliegende Lehrbuch für professionelle Kartenleger/innen ist als Ergänzung zu den vorangegangenen Lehrbüchern meines großen Selbstlernkurses „Kartenlegen leicht erlernbar“ gedacht.

Dieser Band ist kein starres Lehrbuch. Er ist als Anregung und Hilfestellung angelegt, nicht als Anleitung, das Kartenlegen Schritt für Schritt mit meinen Worten und Legeweisen auszuüben.

Betrachten Sie es als Anregung und Bereicherung, und hören Sie ansonsten auf das, was Ihr Bauch und Ihr Herz Ihnen sagen. Bringen Sie Ihre Persönlichkeit mit eigenen Worten in das Kartenlegen mit ein.

Sicher haben Sie es bereits bemerkt:

Sie haben fleißig geübt und die Bedeutung der Karten im Einzelnen, wie auch in möglichen Kombinationen, gelernt, und eigentlich sind Ihnen deren Aussagen mittlerweile auch vollkommen klar.

Sobald Sie jedoch versuchen, für Freunde und Fremde aus dem ausgelegten Tableau etwas herauszulesen, geraten Sie ins Schwimmen.

Leider finden sich mögliche Aussagen und Interpretationsansätze nunmehr über ein Bild aus 36 Karten verteilt und Sie wissen nun unter Umständen gar nicht, wo Sie eigentlich ansetzen sollen.

Freunde und Bekannte mögen Sie vielleicht noch geduldig suchen lassen und Ihnen mit gezielten Fragen auf die richtige Fährte verhelfen.

Fremde, insbesondere zahlende Kunden, werden sich darauf jedoch nur selten einlassen. Sie möchten für ihr Geld schließlich etwas „geboten“ bekommen.

Aus diesem Ansatz heraus habe ich mich nun entschlossen, meine umfangreiche Lehrbuchreihe durch den vorliegenden weiteren Band zu ergänzen.

In diesem Lehrbuch zeige ich Ihnen anhand eines praktischen Beispieltableaus die verschiedenen Möglichkeiten zur Deutung eines gesamten Kartenbildes.

Desweiteren bleibt mir nur noch, Ihnen weiterhin viel Spass beim Kartenlegen zu wünschen! Und auch, wenn Ihnen das Üben manchmal schwer fallen sollte: Lassen Sie sich nicht entmutigen!

Übung macht den Meister!

Ihre Britta

Wie arbeite ich mit den Zeitkarten?

Wichtige Information:

Zu Beginn dieses Lehrbuches möchte ich Ihnen noch einmal ein paar wichtige Ratschläge mit auf den Weg geben:

Bitte achten Sie beim Kartenlegen stets auf die Zeit- und Zukunftskarten!

Die *Zeit-* und *Zukunftskarten* wurden in meinen Lehrbüchern III und IV bereits ausführlich besprochen.

Wer diese Lehrbücher gelesen hat, weiß:
Aussagen über zeitliche Zusammenhänge sind ein heikles Thema und mit Vorsicht zu genießen, da die Zeitkarten bekanntlich oft mehrere mögliche Bedeutungen haben können, die je nach Deutungsweise dann ganz unterschiedliche Interpretationsergebnisse bringen.

Im Folgenden werde ich die Zeitkarten noch einmal detaillierter ansprechen. Vor allem werde ich Ihnen an dieser Stelle auch *die letzten vier Zeitkarten*, die in den vorigen Lehrbüchern bisher nicht erwähnt wurden, vorstellen.

Zum besseren Verständnis möchte ich Ihnen hier nur ein kleines Beispiel aufzeigen: Eine Karte, die Sie sicherlich schon genau kennen, ist die ***Nr. 31 Sonne***.

Basiswissen:
Als Bildkarte ohne zeitliche Aussage bedeutet diese Karte:
Nr. 31 Sonne *Süden,*
Erfolg
Aufbauendes Wissen:
Als Zeitkarte hat dieselbe Karte die folgenden Bedeutungen:
Nr. 31 Sonne *Sommer, Tag*

Wie Sie sehen, haben wir hier bereits 4 mögliche Deutungen. Interpretieren wir diese Karte nun im Zusammenhang (z.B. mit ***Nr. 28 Mann*** oder einer anderen Karte), so wird klar, dass hier sowohl das gesamte Kartenbild, als auch die Persönlichkeit der Kunden und ihre augenblickliche Situation mit einbezogen werden müssen, ehe man sich auf eine bestimmte Deutung festlegen kann.

Wenn Sie sich im Umgang mit den Zeitkarten doch noch ein wenig unsicher fühlen, so wäre es vielleicht von Vorteil, diesen Aspekt erst einmal beiseite zu lassen und zunächst ganz ohne zeitliche Aussagen zu arbeiten.

Üben Sie erst für sich allein und versuchen Sie sich erst dann an Ihren Mitmenschen, wenn Sie diese Technik quasi im Schlaf beherrschen und sich bei dieser Art der Deutung auch wirklich wohl fühlen.

Deuten Sie bis dahin die betreffende Karte ganz einfach in ihrer ursprünglichen Grundbedeutung (z.B. ***Nr. 31 Sonne*** – *Erfolg, Süden*).

Wie Sie ja mittlerweile wissen, können Sie problemlos sowohl mit, als auch ohne zeitliche Aussagen arbeiten.

Sobald Sie sich Ihrer Sache sicher fühlen, können Sie die zeitliche Bedeutung zu Ihrer Interpretation hinzunehmen.

Um Ihnen die nötige Sicherheit zu geben, üben wir nun noch einmal mit den Zeitkarten.

Lesen Sie sich die folgenden Aufgaben immer wieder aufmerksam durch und prägen Sie sich die Bedeutungen der Karten gut ein.

Bitte sehen Sie sich die nachfolgenden Übungen genau an, um noch einmal den Unterschied zwischen *Basiswissen* und *aufbauendem Wissen* zu erkennen und zu üben.

Da wir in Lehrbuch IV bereits ausführlich mit den Zeitkarten gearbeitet haben, werde ich mich in diesen Übungen auf die bisher noch nicht erwähnten *‚neuen' Zeitkarten* konzentrieren:

- *Nr. 3 Schiff*
- *Nr. 5 Baum*
- *Nr. 15 Bär*
- *Nr. 22 Wege*

Bitte interpretieren Sie zunächst die untere Kartenreihe:
Schreiben Sie in diesem Zusammenhang alles auf, was Ihnen in den Sinn kommt.

Bringen Sie dabei all Ihre Intuition mit ein.
Insbesondere bei den Zeitkarten sind wieder einmal Ihr Einfühlungsvermögen und Bauchgefühl gefragt.

Basiswissen:
Nr. 3 Schiff *kleine Reise, Nachbarschaft, Inland*

Aufbauendes Wissen:
Nr. 3 Schiff *innerhalb von 3 Monaten*

Nr. 28 Mann + Nr. 32 Mond + Nr. 29 Frau + Nr. 3 Schiff

Sie interpretieren

....

Sie sehen also, wie viele unterschiedliche Aussagemöglichkeiten eine einzelne Zeitkarte beinhalten kann.

Aus diesem Grund sind diese Übungen natürlich nicht leicht. Bearbeiten Sie sie trotzdem mit viel Ausdauer.
Im Nachhinein werden Sie sich wundern, wie viel Ihnen das stete Üben gebracht hat.

Tipp:
Sagen Sie *„ungefähr in diesem Zeitrahmen“*, wenn Sie sich noch nicht ganz sicher fühlen.
Lassen Sie sich bitte auf keinen Fall von einem Klienten auf einen genauen Termin festnageln.

Liebe Leser,

Sie wissen ja bereits, dass sich die Karte ***Nr. 5 Baum*** im Grundsatz auf das Thema *Abstammung* bezieht.

Dies könnte sich auf den ersten Blick auf die engeren Familienmitglieder und möglicherweise auch weitere Angehörige beziehen.

Zu Beginn meiner Tätigkeit als Kartenlegerin zeigte mir die *Baumkarte* auch immer wieder, dass ein Ereignis noch einige Zeit auf sich warten lassen würde.

Zumeist jedoch schien sich dieser Zeitraum auf etwas weniger als ein Jahr zu beziehen.

Erst, nachdem mir die Verbindung zwischen dieser Zeitspanne und dem Motiv der *Abstammung und Geburt* bewusst wurde, bezog ich diesen Zusammenhang auch in die zeitliche Deutung mit ein.

Und siehe da: Die neun Monate erwiesen sich in meinen Aussagen stets als zutreffend.

Wir haben somit also gleich zwei Karten in unserem Deck, die sowohl eine Zeit- als auch eine Zukunftskarte darstellen können:

- ***Nr. 5 Baum*** *(Zeit: 9 Monate*
  Zukunft: Mit Sicherheit kommt...)

- ***Nr. 35 Anker*** *(Zeit: 2 Jahre*
  Zukunft: Es kommt...)

Basiswissen:

Nr. 5 Baum *steht für das Leben: Abstammung, Stabilität, etwas, das man mit Sicherheit erleben wird*

Aufbauendes Wissen:

Nr. 5 Baum *innerhalb von 9 Monaten*

Nr. 5 Baum + Nr. 29 Frau + Nr. 12 Vögel + Nr. 19 Turm

Sie interpretieren

....

Basiswissen:

Nr. 15 Bär *Vater, Großvater, Onkel, älterer Mann*

Aufbauendes Wissen:

Nr. 15 Bär *ein Zeitraum von 2-3 Jahren*

Nr. 15 Bär + Nr. 17 Storch + Nr. 19 Turm + Nr. 23 Ratte

Jetzt ist Ihre Intuition gefragt:

....

Basiswissen:

Nr. 22 Wege	*getrennte/neue Wege, Suche nach Lösungen*

Aufbauendes Wissen:

Nr. 22 Wege	*ein Zeitraum von etwa 7 Wochen*

Nr. 22 Wege + Nr. 35 Anker + Nr. 28 Mann + Nr. 24 Herz

Schreiben Sie soviel Ihnen zu diesen Karten in den Sinn kommt:

....

....

Eine Auflösung aller Übungen finden Sie im Anschluss.

Alle Zeitkarten auf einen Blick

Auf dieser Seite habe ich noch einmal alle *Zeitkarten* für Sie zusammengefasst.

Nr. 2 Klee	*bald; 2 Stunden, 2 Tage, 2 Wochen, 2 Monate*
Nr. 3 Schiff	*innerhalb von 3 Monaten*
Nr. 5 Baum	*innerhalb von 9 Monaten*
Nr. 9 Blumen	*Frühling*
Nr. 10 Sense	*plötzlich, unerwartet, Herbst*
Nr. 15 Bär	*Zeitraum von 2-3 Jahren*
Nr. 21 Berg	*Winter*
Nr. 22 Wege	*innerhalb von etwa 7 Wochen*
Nr. 31 Sonne	*Tag, Sommer*
Nr. 32 Mond	*Nacht, Abend, Nachmittag*
Nr. 35 Anker	*im Zeitraum von 2 Jahren*

Sie haben ja bereits in Lehrbuch III die *Zukunftskarten* kennen gelernt, unter welchen sich auch die Karte ***Nr. 35 Anker*** befindet, die entweder als *Zukunfts- oder als Zeitkarte* gedeutet werden kann.

In Lehrbuch IV haben wir uns dann den häufig in Erscheinung tretenden *Zeitkarten* ***Nr. 2 Klee, Nr. 10 Sense, Nr. 31. Sonne, Nr. 32 Mond*** und ***Nr. 35 Anker*** gewidmet.

Daher dürfte es Ihnen nicht schwer fallen, diese bereits bekannten Zeitkarten mit in die Deutungen einzubeziehen.

Sie werden erstaunt feststellen, welche Fülle von Interpretationsmöglichkeiten sich unter Einbeziehung dieser beiden zusätzlichen Aspekte aus Ihren Karten ergibt.

Die folgenden Beispiele können durch die Zeit- oder Zukunftsfunktion der vorgestellten Karten erheblich erweitert werden.

Aus einer einfachen Deutungsreihe mit einer ebenso einfach erscheinenden Interpretation ergibt sich auf diese Weise eine Vielzahl möglicher Aussagen.

Bitte betrachten Sie die folgenden Interpretationsbeispiele:

Nr. 28 Mann + Nr. 32 Mond + Nr. 29 Frau + Nr. 3 Schiff

Ein Mann, der starke Gefühle hegt, wird eine Reise zu einer Frau antreten.

oder

Ein Mann wird eine gefühlvolle Frau im Inland treffen.

oder

Ein Mann wird eine Reise zu einer Frau antreten.
Dies wird innerhalb der folgenden 3 Monate geschehen.

Nr. 5 Baum + Nr. 29 Frau + Nr. 12 Vögel + Nr. 19 Turm

Mit Sicherheit wird diese Frau Kummer bei oder mit ihrer Arbeit bekommen.

oder

Innerhalb einer Spanne von 9 Monaten wird diese Frau Kummer bei oder mit ihrer Arbeit bekommen.

Nr. 15 Bär + Nr. 17 Storch + Nr. 19 Turm + Nr. 23 Ratte

Ein (älterer) Mann wird eine berufliche Veränderung erleben, die ihm Verluste bringen wird.

oder

Ein (älterer) Herr wird in ***den nächsten 2-3 Jahren*** *eine berufliche Veränderung erleben, die ihm Verluste bringen wird.*

Nr. 22 Wege + Nr. 35 Anker + Nr. 28 Mann + Nr. 24 Herz

Im Ausland werden sie ganz neue Wege einschlagen. In diesem Zusammenhang werden Sie auf einen liebenswürdigen Mann treffen.

oder

Innerhalb eines Zeitraumes von circa 7 Wochen wird ein ausländischer Mann auf Sie zukommen, der Sie aufrichtig liebt.

oder

Innerhalb eines Zeitraumes von 7 Wochen werden Sie sich entscheiden, neue Wege zu gehen. Dies kann entweder im Ausland oder zusammen mit einem ausländischen Mann, der Sie liebt, geschehen.

Wichtig:

Wie Sie sehen, ist es nicht ausreichend, sich bei einer Interpretation lediglich auf die augenblicklich interessant erscheinenden Karten zu konzentrieren.

In den oben gezeigten Aufgaben fehlen Ihnen wertvolle Informationen zu den jeweiligen Personen.

*Wie immer können Sie **nur im großen Kartenbild** erkennen, um wen genau es sich bei den einzelnen Personenkarten handelt.*

*Die im Vorangehenden vorgestellten Übungen mit den Zeitkarten sind lediglich **Übungsbeispiele,** um Ihnen zu verdeutlichen, wie viele unterschiedliche mögliche Aussagen man aus den Karten herauslesen kann.*

Jahresrhythmus

Ein Bereich der *Zeitkarten* wurde bisher noch nicht angesprochen: Der *Jahresrhythmus.*

Viele mir bekannte Kartenleger erklären immer wieder, ihre Karten beinhalteten keine Uhr oder keinen Kalender, und wollen daher keinerlei Aussagen in diese Richtung treffen.

Dabei bleibt es voll und ganz Ihnen selbst überlassen, in welchem Maße Sie die hier präsentierten Karten mit Ihrem Aufbauwissen verwenden.
Ich persönlich habe jedoch sowohl mit den Zeitkarten, als auch mit dem *Jahresrhythmus* allgemein nur gute Erfahrungen gemacht.

Zudem halte ich die Einbeziehung der Jahreszeiten für eine relativ sichere Deutungsmöglichkeit, da sie sich nicht ganz so genau auf engere Zeiträume festlegt, wie die zuvor angesprochenen Zeitkarten.

Daher würde ich einem Anfänger auf dem gebiet der Zeit- und Zukunftskarten ans Herz legen, zu Beginn eher mit den Jahreszeiten zu arbeiten, als sich gleich auf knappe Zeiträume, wie beispielsweise zwei Wochen oder Ähnliches einzulassen.

Zur Benutzung der Zeitkarten:

Diese Zeitkarten werden genauso eingesetzt, wie jede andere Zeitkarte auch:
Zunächst interpretieren Sie diese Karten wie gehabt in ihrer Grundbedeutung und beziehen erst dann in einem zweiten Schritt die aufbauende Interpretation als Karte im *Jahresrhythmus* mit ein.

Die vier Jahreszeiten in den Zeitkarten

Nr. 9 Blumen	*Frühling*
Nr. 31 Sonne	*Sommer*
Nr. 10 Sense	*Herbst*
Nr. 21 Berg	*Winter*

Lassen Sie uns an dieser Stelle gleich ein paar Übungen zu den Jahreszeiten durchführen.

Dabei werden wir immer dieselbe Grundreihe benutzen, in der sich lediglich die Karte für die *Jahreszeit* in jeder Übung ändern wird.

Bitte interpretieren sie diese einmal als Basiskarte und das folgende Mal in ihrer weiteren Funktion als *Zeitkarte:*

Nr. 31 Sonne + Nr. 17 Storch + Nr. 4 Haus + Nr. 12 Vögel

....

Nr. 9 Blumen + Nr. 17 Storch + Nr. 4 Haus + Nr. 12 Vögel

....

Nr. 10 Sense + Nr. 17 Storch + Nr. 4 Haus + Nr. 12 Vögel

....

Nr. 21 Berg + Nr. 17 Storch + Nr. 4 Haus + Nr. 12 Vögel

....

Meine Interpretation:

Nr. 31 Sonne + Nr. 17 Storch + Nr. 4 Haus + Nr. 12 Vögel

Eine anfangs positive häusliche Veränderung/ Umzug bringt später Probleme mit sich.

oder

Im Sommer wird es eine häusliche Veränderung oder einen Umzug geben, der mit Mühen oder Problemen verbunden sein wird.

Nr. 9 Blumen + Nr. 17 Storch + Nr. 4 Haus + Nr. 12 Vögel

Die Chance auf eine häusliche Veränderung oder einen Umzug ist mit Mühen verbunden.

oder

Im Frühjahr wird es eine häusliche Veränderung/ Umzug geben. Diese Veränderung wird allerdings nicht einfach werden.

Nr. 10 Sense + Nr. 17 Storch + Nr. 4 Haus + Nr. 12 Vögel

Plötzlich wird es eine häusliche Veränderung oder einen Umzug geben.
Dies wird nicht leicht zu bewerkstelligen sein.
oder
Im Herbst wird es eine häusliche Veränderung oder einen Umzug geben, was mit Mühen verbunden sein wird.

Nr. 21 Berg + Nr. 17 Storch + Nr. 4 Haus + Nr. 12 Vögel

Eine häusliche Veränderung/ Umzug wird blockiert.
Dies bringt Probleme mit sich.
oder
Im Winter wird es eine häusliche Veränderung/ Umzug geben, die mit Mühen verbunden sein wird.

Die vier Himmelsrichtungen

Ebenso wie die Jahreszeiten oder die Berufe, so kann man auch die vier *Himmelsrichtungen* in den Karten erkennen.

Da Sie bei dieser Art der Auslegung nach demselben Muster vorgehen, wie bereits in den vorangegangenen Übungen, werden wir uns bei den darauf folgenden Übungen lediglich auf zwei der vier *Himmelsrichtungen* beschränken.

Nr. 31 Sonne	*südlich*
Nr. 32 Mond	*nördlich*
Nr. 3 Schiff	*westlich*
Nr. 22 Wege	*östlich*

Kommen wir nun zu den Übungen:

Bitte interpretieren Sie auch hier zunächst mit dem Basiswissen und danach in einem zweiten Schritt mit der *Himmelsrichtung*. Selbstverständlich können Sie auch das bisher gelernte Aufbauwissen an dieser Stelle hinzuziehen.

Nr. 17 Storch + Nr. 4 Haus + Nr. 31 Sonne

....

Nr. 17 Storch + Nr. 4 Haus + Nr. 22 Wege

....

Nr. 17 Storch + Nr. 4 Haus + Nr. 32 Mond

....

Hier nun meine Interpretation:

Bitten denken Sie daran: Wie immer können Ihre eigenen Worte in der Formulierung ein wenig von meinen abweichen.
In der Grundaussage sollte Ihre Interpretation allerdings stets mit meiner Deutung übereinstimmen.

Nr. 17 Storch + Nr. 4 Haus + Nr. 31 Sonne

Es findet ein Umzug statt.
Dieser Umzug wird sich positiv auf Sie auswirken.

oder (Zeitkarte)

Im Sommer wird ein Umzug stattfinden.

oder (Himmelsrichtung)

Es findet ein Umzug in südliche Richtung statt.

Nr. 17 Storch + Nr. 4 Haus + Nr. 22 Wege

Ein Umzug bringt Ihnen einen Neuanfang und neue (Lebens-)Wege.

oder (Zeitkarte)

Innerhalb der kommenden 7 Wochen wird ein Umzug stattfinden.

oder (Himmelsrichtung)

Es findet ein Umzug in Richtung Osten statt.

Nr. 17 Storch + Nr. 4 Haus + Nr. 32 Mond + Nr. 21 Berg

Ein Umzug belastet Ihre Gefühle stark.

oder (Zeitkarte)

Eine häusliche Veränderung wird durch ein nächtliches Ereignis blockiert.

oder (Himmelsrichtung)

Ein Umzug in Richtung Norden wäre zu vermeiden, da er große Belastungen mit sich brächte.

Berufe im Kartenbild

Bereits in den ersten Bänden meines Kartenlegekurses habe ich Ihnen immer wieder neue Kombinationsmöglichkeiten aufgezeigt.

Möglicherweise erinnern Sie sich auch daran, dass manche dieser Kombinationen auf bestimmte Berufe hin deuteten.

Berufe erkennen Sie immer daran, dass die entsprechenden Karten in Verbindung mit der Karte *Nr.19 Turm* stehen, da diese Karte die Arbeit an sich verkörpert.

So konnten wir beispielsweise leicht erkennen, dass es sich bei der *Turmkarte Nr.19* in Verbindung mit der Karte *Nr. 20 Park* um ein Tätigkeitsfeld handeln musste, welches in Verbindung mit Menschen oder der Öffentlichkeit an sich stand.

Die Karte *Nr. 1 Reiter*, die für Gespräche steht, deutet somit auch eine Tätigkeit an, bei der die Stimme zum Einsatz kommt. So kann es sich etwa um einen Lehrer, einen Sänger, oder auch einen Pressesprecher oder Politiker handeln.

Ebenfalls lässt sich ersehen, dass die Kombination der Karten *Nr. 19 Turm* und *Nr. 34 Fische* eine Tätigkeit anzeigt, die in enger Verbindung mit Finanzen steht.

Sollte Ihnen mein Zusatzbuch „Kombinationen auf einen Blick“ bekannt sein, so haben Sie sicherlich auch schon mit den dort vorgestellten Berufskombinationen gearbeitet.

Im Folgenden finden Sie die möglichen Kombinationen zu den dort genannten Berufen noch einmal aufgelistet.

Da uns ja bekannt ist, dass sich das gesamte Kartenbild stets auf Person bezieht, die Sie um Rat ersucht, genügt es in Fällen, in denen die Tätigkeit des Konsultanten gefragt ist, lediglich die Karte *Nr. 19 Turm* näher zu betrachten.

Der jeweilige Konsultant oder die Konsultantin brauchen dabei übrigens nicht zwangsläufig innerhalb derselben Deutungslinie wie die Turmkarte zu liegen.
Da sich das gesamte Kartenbild auf den jeweiligen Fragesteller oder die Fragestellerin bezieht, können alle Themen in Bezug auf diese Person gedeutet werden.

Ein Zusammenhang mit der jeweiligen Deutungslinie wäre nur dann von Wichtigkeit, wenn der Beruf einer weiteren Person in den Karten gefragt wäre.

Diese weitere Person sollte dann in Form einer Personenkarte in dieser Deutungslinie liegen.
Befindet sie sich in einer anderen Deutungsreihe, so können wir aus dem vorhandenen Kartenbild keine Angaben über ihren Beruf machen.

Berufsbezeichnungen in Verbindung mit der Karte

Nr. 19 Turm:

+ Nr. 1 Reiter	*Berufe mit Menschen; Berufe, in denen Gespräche eine wichtige Rolle spielen*
+ Nr. 3 Schiff	*Vertreter; Berufe, in denen man häufig unterwegs ist*
+ Nr. 4 Haus	*Arbeiter, überwiegend im häuslichen Bereich; Handwerker*
+ Nr. 5 Baum	*Berufe im Zusammenhang mit Immobilien (Makler, Anlageberater, Hausmeister…)*
+ Nr. 8 Sarg	*Arzt; Heilpraktiker; Heilberufe; Krankenpfleger/in*
+ Nr. 9 Blumen	*Berufe mit Blumen oder Kräutern*
+ Nr. 13 Kind oder Nr.18 Hund	*Arbeit mit jugendlichen oder Kindern; Kindergärtner; Tagheim; Lehrer; Sozialpädagoge*

+ Nr. 15 Bär	*Beamter (siehe Verbindung mit anderen Karten)*
+ Nr. 16 Sterne	*Spirituelle, bzw. esoterische Berufe*
+ Nr. 17 Storch	*technische Berufe*
+ Nr. 20 Park/Garten	*Öffentlichkeitsarbeit; Arbeit in der Öffentlichkeit*
+ Nr. 21 Berg	*körperlich belastende Arbeit; Schwerstarbeit*
+ Nr. 24 Herz	*Verkäuferin; Schmuck/Mode*
+ Nr. 26 Buch	*Akademische Berufe; Student; Verlag; Autor; Geisteswissenschaftler*
+ Nr.27 Brief	*Bürotätigkeit*
+ Nr. 31 Sonne	*Manager; Organisationstalent*
+ Nr. 32 Mond	*Arbeit am Nachmittag oder in der Nacht*
+ Nr. 33 Schlüssel	*typische Handwerksberufe*

+ Nr. 34 Fische	*Banken; Finanzen; Wirtschaft; Versicherungen*
+ Nr. 35 Anker	*Arbeit im Ausland; Astrologie*
+ Nr. 36 Kreuz	*Pfarrer; Nonne; Mönch; Diakon*

Zur Arbeit mit den weiteren Bedeutungen der Karten

Machen Sie sich keine Gedanken, wenn Sie sich nun von all den zusätzlichen Informationen und Aussagen, die Ihnen die einzelnen Karten bieten, wie erschlagen fühlen.

Sie brauchen diese zu Beginn selbstverständlich nicht gleich alle gemeinsam anzuwenden.

Tatsächlich steht es Ihnen vollkommen frei, ob und wie Sie diese überhaupt zur Anwendung bringen möchten.

Vielleicht entscheiden Sie sich ja auch dafür, die vorgestellten erweiterten Deutungsmöglichkeiten vollständig aus Ihren Kartenlesungen herauszuhalten, da sie Ihnen irrelevant erscheinen.

Zeitkarten, Berufsbezeichnungen, Jahreszeiten und astrologische Zuordnungen stellen wie erwähnt lediglich **erweiterte** Deutungsmöglichkeiten dar und können dann in eine Interpretation mit einbezogen werden, sobald Sie über ausreichend Erfahrung und Routine im Umgang mit den Karten und im Erkennen der Grundbedeutungen und Kombinationen verfügen.

Deuten Sie ein Tableau im Zusammenhang, so wird Ihnen bereits der Kontext ohnehin dabei helfen, die treffende Bedeutung der jeweiligen Karte zu finden.

Setzen Sie sich also nicht unnötig selbst unter Druck und folgen Sie wie immer Ihrem persönlichen Bauchgefühl.

Sie selbst können ohnehin am besten einschätzen, ob und in welcher Weise sich gewisse Kartenbedeutungen in Ihre Lesung mit einbeziehen lassen.

Tipp:
Gehen Sie beim Deuten innerhalb des Tableaus folgendermaßen vor:

1) Deuten Sie zunächst das Kartenbild allgemein als Momentan-Zustand mit den Ihnen bereits vertrauten Blicken in die Zukunft und in die Vergangenheit.
   Oft genügt diese generelle Auslegung vollkommen!

2) Fühlen Sie sich auf diesem Gebiet bereits sicher, so beziehen Sie danach schrittweise weitere Deutungsmöglichkeiten mit ein.
   Dies könnten erweiterte Personenbeschreibungen, Berufsbezeichnungen oder Zeitangaben sein.

   Machen Sie dies allein von Ihrem persönlichen Vertrauen in Ihre Fähigkeiten abhängig und achten Sie zu jeder Zeit darauf, dass sich Ihre Deutungen innerhalb Ihrer Kartenlegung nicht widersprechen.

   Sollten Widersprüche auftreten, so lassen Sie diesen Teil der Interpretation besser weg und konzentrieren Sie sich auf die bereits gemachten Aussagen.
   Diese könnten Sie dann mit Hilfe der Zusatzkarten oder ähnlichen Hilfsmitteln weiter vertiefen.

Haben Sie keine Angst!
Mit jedem Versuch werden Sie sich auch in diesen Bereichen jedes Mal ein Stückchen sicherer fühlen.
Vergessen Sie jedoch nicht, auch an diese Sache langsam und vorsichtig heranzugehen, um nicht aus dem Konzept zu geraten, und sich so ergebende Fehlinterpretationen zu vermeiden.

Beispiel:

Nr. 29 Frau + Nr. 19 Turm + Nr. 2 Klee + Nr. 23 Ratte

Wie im Folgenden gezeigt können Sie diese Kartenreihe schrittweise interpretieren:

Allgemein:
Zunächst haben Sie Glück bei der Arbeit, später kommen jedoch Verluste auf Sie zu (***Nr.19 Turm + Nr.2 Klee + Nr.23 Ratte***).

Als Krankheitskarte:
Beruflich kommen noch nervliche Belastungen auf Sie zu. Bitte achten Sie auf Ihre Gesundheit, besonders im Bereich Magen/Darm (***Nr. 23 Ratte***).
Kombination: Nr. 2 Klee + Nr. 23 Ratte = Nerven

Als Zeitkarte:
Beruflich kommen in den nächsten 2 Monaten Verluste auf Sie zu (***Nr.19 Turm + Nr. 2 Klee + Nr.23 Ratte***).

Weiteres Beispiel:

Nr. 28 Mann + Nr. 19 Turm + Nr. 3 Schiff + Nr. 8 Sarg + Nr. 9 Blumen

Allgemein:
Dieser Mann ist beruflich viel unterwegs. Auf einer dieser Dienstreisen könnte er jedoch krank werden. Von dieser Krankheit wird er allerdings bald wieder genesen.

Als Krankheitskarte:

Dieser Mann ist beruflich viel unterwegs. Auf einer dieser Dienstreisen könnte er jedoch krank werden.
Bei dieser Erkrankung handelt es sich um eine allergische Reaktion.

Als Zeitkarte:

Dieser Mann ist beruflich viel unterwegs. Im Frühjahr könnte er auf einer dieser Dienstreisen jedoch erkranken.

So können Sie mit der Zeit alle 3 Stufen auf einmal erkennen und deuten.

Eine allumfassende Deutung könnte wie folgt aussehen:

Anfangs haben Sie beruflich Erfolg/Glück.
Handeln Sie jedoch überlegt, sonst könnten innerhalb von ca. 2 Monaten gesundheitliche Beschwerden aufkommen.

Hier könnte es sich um Magen-/Darmprobleme, bedingt durch nervliche Belastungen handeln.

Wie Sie sehen gibt es also mehr als genug Möglichkeiten, ins Schwarze zu treffen und Ihren Kunden ein wirkliches Stück Lebenshilfe zu geben, aber auch, sich durch eine übereilte, oberflächliche Interpretation in die Nesseln zu setzen.

Sehen Sie sich die Karten deshalb immer ganz genau an, ehe Sie mit Ihrer Deutung beginnen.

Gehen Sie am Anfang äußerst sparsam und gezielt mit den Aussagen der Zeitkarten um.

Schaut man einmal nicht konzentriert genug ins Kartenbild, so können sich gerade in diesem Zusammenhang leicht Fehler ergeben.

Ihre Kunden könnten Sie dann auf eine bestimmte zeitliche Aussage festnageln, oder böse sein, wenn das Vorausgesagte innerhalb des genannten Zeitraumes nicht eintrifft und am Ende vielleicht sogar das Vertrauen in Ihre Fähigkeiten als Kartenleger/in verlieren.

Wiederholen Sie die Aufgaben trotz aller Umsicht immer wieder zu Ihrer persönlichen Sicherheit.

Auch wenn Sie im Umgang mit den Zeitkarten bereits geübt sind, sollten Sie von Zeit zu Zeit ALLE möglichen Bedeutungen durchgehen.

Auf diese Weise vermeiden Sie das Risiko, selten gebrauchte Deutungen im Laufe der Zeit zu vergessen.

Bevor wir uns an das Deuten der folgenden Kartenbilder machen, möchte ich Ihnen noch die persönlichen Eigenschaften der Personenkarten, sowie die Zuordnung von Tieren im Tableau vorstellen.

Eigenschaften und Charakterzüge

Kümmern wir uns gleich zu Beginn um die ***Eigenschaften*** einer *Personenkarte* (im Folgenden auch PK genannt).

Diese Eigenschaften können Sie anhand der neben und über der PK liegenden Karten erkennen. Auch bei diesem Thema ist wieder einmal Ihre Intuition gefragt.

Zur Erinnerung möchte ich Ihnen hier noch einmal kurz die beiden wichtigsten Personenkarten vorstellen:

- *Nr. 28 Mann*
- *Nr. 29 Frau*

Bei diesen beiden Karten handelt es sich um die zentralen Personenkarten im Tableau.

Diese Karten repräsentieren also entweder Sie selbst (wenn Sie die Karten für sich selbst auslegen), oder aber die jeweiligen Konsultanten (wenn Sie die Karten für Ihre Kunden oder Freunde auslegen), beziehungsweise deren Partner.

Weitere Personenkarten:

- *Nr. 7 Schlange*
- *Nr. 13 Kind*
- *Nr. 15 Bär*
- *Nr. 18 Hund*

Eigenschaften einer Person:

Nr. 1 Reiter	*sportlich, fit, kontaktfreudig, offen*
Nr. 2 Klee	*glücklich, positiv, hoffnungsfroh*
Nr. 3 Schiff	*freiheitsliebend, reiselustig*
Nr. 4 Haus	*häuslich, gemütlich, geborgen*
Nr. 5 Baum	*stabil, auf Sicherheit bedacht, liebt die Natur*
Nr. 6 Wolken	*undurchsichtig, unsicher, launisch*
Nr. 7 Schlange	*erfahren, gewandt oder raffiniert*
Nr. 8 Sarg	*in sich gekehrt, fühlt sich unwohl, kränklich*
Nr. 9 Blumen	*harmonisch, ausgeglichen, charmant, herzlich, höflich*
Nr. 10 Sense	*dominant, durchsetzungsfähig*

Nr. 11 Rute	*streitsüchtig, aggressiv*
Nr. 12 Vögel	*macht sich Gedanken & Sorgen, grüblerisch*
Nr. 13 Kind	*naiv, jugendlich, kindlich*
Nr. 14 Fuchs	*clever, unehrlich, raffiniert*
Nr. 15 Bär	*starke Führungspersönlichkeit*
Nr. 16 Sterne	*hellsichtig, sensibel, verträumt*
Nr. 17 Storch	*offen für Veränderungen, wankelmütig*
Nr. 18 Hund	*treu, wachsam, vertrauenswürdig*
Nr. 19 Turm	*mit der Arbeit verbunden, fleißig, arbeitsam*
Nr. 20 Park/Garten	*braucht Publikum, offen*
Nr. 21 Berg	*blockiert, gehemmt, ausgepowert, stur, behindert sich selbst*

Nr. 22 Wege — *sucht nach Lösungen*

Nr. 23 Ratte — *ängstlich, fühlt sich sehr unwohl*

Nr. 24 Herz — *freundlich, herzlich*

Nr. 25 Ring — *charmant, liebenswert, verbunden*

Nr. 26 Buch — *geheimnisvoll, schreibt & liest viel, gebildet*

Nr. 27 Brief — *kontaktfreudig, offen*

Nr. 28 Mann — *zentrale Personenkarte*

Nr. 29 Frau — *zentrale Personenkarte*

Nr. 30 Lilie — *charmant, reizend, sexuell aufgeschlossen*

Nr. 31 Sonne — *kraftvoll, stellt sich gern zur Schau, feurig*

Nr. 32 Mond — *sensibel, gefühlsbetont, ernst*

Nr. 33 Schlüssel	*sportlich, aktiv, tatkräftig*
Nr. 34 Fische	*materiell veranlagt, auf finanzielle Sicherheit bedacht*
Nr. 35 Anker	*tiefblickend, tiefgründig, klammert gerne, hält an Vergangenem fest*
Nr. 36 Kreuz	*religiös, gläubig, zukunftsorientiert*

Beispiel:

Nr. 29 Frau + Nr. 16 Sterne + Nr. 19 Turm + Nr. 12 Vögel

Allgemein:
Bei dieser Frau handelt es sich um eine leicht ablenkbare, verträumte Person, die Schwierigkeiten hat, bei Ihrer Arbeit konzentriert vorzugehen. Dies bringt Unannehmlichkeiten und Probleme mit sich.

oder

Diese Frau hat eine äußerst sensible Persönlichkeit und nimmt sich Probleme und Mühen an ihrem Arbeitsplatz leicht zu Herzen.

Beruflich:

Diese Frau ist sehr sensibel und beinahe schon als hellsichtig zu bezeichnen.

Ihre Antennen sind derart fein ausgeprägt, dass sie sich sehr gut für einen esoterischen Beruf, wie beispielsweise den einer Kartenlegerin handeln würde.

Diese Entscheidung wäre jedoch mit großen Bemühungen verbunden.

oder

Diese Frau sollte sich aufgrund ihrer Fähigkeiten um eine Arbeit im esoterischen Bereich bemühen.

oder

Aufgrund ihrer großen Sensibilität und ihres hohen Einfühlungsvermögens würde sich diese Frau sehr gut für einen Beruf im Bereich der Esoterik eignen.

Allerdings sollte sie Acht geben, sich nicht allzu sehr in den Problemen ihrer Kunden zu verlieren.

Sie neigt nämlich dazu, sich diese allzu sehr zu Herzen zu nehmen.

2. Beispiel:

Nr. 28 Mann + Nr. 31 Sonne + Nr. 20 Park + Nr. 9 Blumen

Allgemein
Dieser Mann ist im Sternzeichen des Löwen geboren. Er zeigt sich gerne in der Öffentlichkeit und stellt seine Fähigkeiten gerne zur Schau.

Dies bringt ihm schlussendlich auch den erhofften Erfolg.

oder

Dieser Mann besitzt ein kraftvolles und feuriges Wesen. Seine Fertigkeiten stellt er gerne heraus und, zeigt sich gerne in der Öffentlichkeit.

***oder** beruflich:*

Dieser Mann hat beruflich große Erfolge vorzuweisen.

Diese Leistungen stellt er gerne zur Schau und ist sich seiner Fähigkeiten wohl bewusst.

Zuordnung von Tieren

Immer wieder treffe ich auf Menschen, die etwas über ihr geliebtes Haustier wissen möchten.

So werde ich beispielsweise gerne nach der Gesundheit des Hundes oder dem Verbleib der Katze gefragt.

Selbstverständlich lassen sich auch bestimmte Tierarten in einem Kartenbild wiederfinden.

Dies ist jedoch nicht immer ganz einfach und kann mitunter zu einigen Wirrungen führen.

Ich würde Ihnen daher raten, die Zuordnung von Tieren zu bestimmten Karten zwar gut zu lernen und zu üben, sie jedoch nur dann anzuwenden, wenn Sie direkt danach gefragt werden.

Folgende Zuordnungen können wir anhand der Lenormand-Karten machen:

Zuordnung von Tieren

Nr. 1 Reiter	*Pferde, Ponies, Equiden*
Nr. 2 Klee	*Käfer, Insekten*
Nr. 3 Schiff	*Wasserlebewesen*
Nr. 4 Haus	*kleine Haustiere, Hauskatze*

Nr. 7 Schlange	*Schlangen, Reptilien*
Nr. 12 Vögel	*kleinere Vögel, z.B. Wellensittiche*
Nr. 14 Fuchs	*Fuchs, Wolf*
Nr. 15 Bär	*Bär, Tiger, Löwe, Wildkatze*
Nr. 17 Storch	*größere Vögel*
Nr. 18 Hund	*Hund, Wachhund*
Nr. 23 Ratte	*Ratten, Mäuse, Nagetiere*
Nr. 34 Fische	*Fische*

Wie deute ich ein Kartenbild von Anfang bis Ende?

Wie deute ich ein Kartenbild von Anfang bis Ende?

In Abhängigkeit vom Charakter und der augenblicklichen Lebenssituation des jeweiligen Kunden kann jedes Kartenbild auf ganz unterschiedliche Arten interpretiert werden.

Aus diesem Grund ist es besonders wichtig, sich genau in den einzelnen Kunden hinein zu versetzen und zu versuchen, seine derzeitige Lebenslage wie auch seine Gefühle nachzuvollziehen.

Auch wenn es Ihnen auf den ersten Blick vielleicht wie ein Widerspruch erscheinen mag:

Versetzen Sie sich in die Position des Kunden und versuchen Sie die Situation aus seiner Sicht zu betrachten. Bleiben Sie bei Ihrer Interpretation jedoch stets objektiv.

1. Jeder Kunde handelt und fühlt auf seine eigene Weise. Während manche Menschen geradezu überschäumen vor Mitteilungsbedürfnis, kann es ebenfalls vorkommen, dass ein Kunde von sich aus nichts, oder nur sehr wenig, über seine Situation erzählen möchte.

In einem solchen Fall ist es natürlich nicht leicht, passende Aussagen zu treffen, denn die Situation des Kartenlegers/der Kartenlegerin entspricht dann ungefähr der eines Arztes, dessen Patient keine Auskunft über seinen Zustand oder seine Beschwerden geben will.

Berufsanfänger werden an derartigen Situationen sicher ein wenig zu knabbern haben.

Mit jedem dieser „Patienten“ (Kunden) werden sich Ihre Sinne jedoch weiter verfeinern und Sie werden bald in der Lage sein, die richtigen Vermutungen anzustellen und dadurch zum eigentlichen Problem vorzudringen.

Versuchen Sie, sich durch gezielte Fragen oder Bemerkungen so vorsichtig und unauffällig wie möglich an Ihr Gegenüber heranzutasten.

Wenn Sie gleich zu Beginn Ihrer Lesung die Geburtsdaten mit einbeziehen, haben Sie ja bereits Vorabinformationen über deren Charaktereigenschaften und die möglicherweise daraus resultierenden Schwierigkeiten gewonnen.

2. Im Gegensatz dazu hat ein anderer Kunde vielleicht bereits eine konkrete Vorstellung davon, was er eigentlich wissen möchte, und stellt präzise Fragen zu sich und seinem Leben.

In diesem Fall brauchen Sie dann lediglich die bereits gestellten Fragen zu beantworten.

Eine derartige Lesung ist natürlich ein besonderer Glücksfall für Sie, da der Kunde Ihnen bereits Hintergrundwissen vermittelt, und Sie daraufhin gezielt in den Karten nach Antworten suchen können.

3. Bei den meisten Kunden wird die Situation eine Mischform aus den beiden oben erwähnten Möglichkeiten sein.

Haben Sie keine Angst:
Die Karten werden Ihnen hilfreich zur Seite stehen und Ihnen mit ein wenig Einfühlungsvermögen die benötigten Antworten geben.

Mein Vorschlag wäre hier:

Bieten Sie, sobald Sie Ihr Tableau ausgelegt haben und bereit zur Lesung sind, dem Kunden gezielt Fragen an, zu welchen Sie ihm dann anhand der Karten weitere Informationen geben könnten.

In den meisten Fällen wird Ihr Kunde darauf eingehen und die dargebotenen Themen gerne annehmen.

Auf diese Weise helfen Sie auch Ihrem Kunden weiter, der unter Umständen aus reiner Neugier zu Ihnen gekommen ist, vielleicht einfach einmal ausprobieren möchte, wie es sich anfühlt, sich die Karten legen zu lassen, und sich möglicherweise selbst noch nicht so ganz im Klaren darüber ist, was er eigentlich im Einzelnen von Ihnen und Ihren Karten erfahren möchte.

Skeptische Kunden, die vielleicht sogar darauf erpicht sind, Sie in die Falle tappen zu lassen, sind glücklicherweise die große Ausnahme, kommen allerdings von Zeit zu Zeit immer wieder einmal vor.

Diese Kunden können Sie gleich zu Beginn verblüffen, indem Sie ihnen anhand der ersten Karte des Tableaus auf den Kopf zusagen, was das eigentliche Grundproblem ihrer augenblicklichen Lage ist.

Deutung des Kartenbildes

Lesen Sie sich die in diesem Abschnitt genannten Informationen bitte genau durch, um die nachfolgenden Übungen schnell und einfach nachvollziehen zu können.

Im kommenden Kapitel werden wir nun ein vollständiges Tableau Schritt für Schritt und Reihe für Reihe interpretieren.

In diesem Fall gehen wir zu Beginn nicht von einer bestimmten Fragestellung aus, sondern sehen uns erst einmal an, wohin das folgende Kartenbild uns führt:

Ehe ich mit dem eigentlichen Tableau beginne, hat es sich für mich stets bewährt, meine Kunden zunächst eine einzelne Karte, quasi eine Art Tageskarte, ziehen zu lassen.

Diese Karte zeigt oft, was diesen Menschen augenblicklich beschäftigt und worauf diese Person in nächster Zeit vermehrt achten sollte.

Mir selbst hilft diese Technik immer wieder dabei zu erkennen, welches Problem meine Kunden bewegt und in welcher Stimmung sie sich befinden.

Vor allem bei Menschen, die sich sonst scheuen, etwas von sich preiszugeben, hat sich dieser Einstieg in die Beratung immer wieder bewährt.

Auch lässt sich die Tageskarte mitunter sehr gut in das folgende Grand Tableau integrieren:

Zum einen kann ich so leichter eine Blickrichtung festlegen, sollte der Kunde selbst keine genaueren Angaben machen.

Zum anderen aber kann ich auch direkt im Tableau nach der Tageskarte suchen und diese dann gemeinsam mit den umliegenden Karten in die Auslegung mit einbeziehen.

- *Die Bedeutungen der einzelnen Tageskarten haben Sie in Lehrbuch V bereits gelernt.*

  Sollten Sie sich Ihrer Sache nicht mehr ganz sicher sein, so können Sie auch in Lehrbuch VII Ganze Kartenbilder und Ihre Deutungen, oder aber auf meiner Webseite www.kartenlegekurse.de nachsehen.

Erst nachdem Sie die Tageskarte gedeutet haben legen Sie das Tableau aus.

Merken Sie sich die Tageskarte aber bitte genau, so dass sie diese später im großen Kartenbild leicht wieder finden können.

Vergessen Sie bitte nicht:

Das ganze Kartenbild gehört **nur der Fragestellerin oder dem Fragesteller**.

In diesem Fall handelt es sich dabei um eine Frau.
Daher beziehen sich die verschiedenen Aussagen des Tableaus auch ausnahmslos auf diese Dame.

Andere Personen werden **nur** in den Deutungslinien, in welchen sie sich befinden, gedeutet.

Ehe ich mich jedoch der **Tageskarte** und dem **Tableau** widme, frage ich meine Kundin nach ihrem Geburtsdatum und erfahre

so, dass sie am 28.7.1942 zur Welt kam. Aus dem Geburtsdatum ersehe ich nun ihr **Sternzeichen** und weiß daher bereits eine ganze Menge über ihren Grundcharakter.
Bei dieser Dame handelt es sich also um eine Löwenfrau der 1. Dekade.

Nun rechne ich mit Hilfe der **Numerologie** ihre Daten aus und erstelle die **Jahresanalyse**.
Somit kann ich innerhalb einer einzigen Minute erkennen, über welche Eigenschaften diese Dame eigentlich verfügt und an welchem Punkt ihres Lebens sie sich in diesem Jahr befindet.

1. Da es sich bei ihr um eine **Löwenfrau der 1. Dekade** handelt, ist sie selbstbewusst, im Umgang mit Geld sehr großzügig, legt Wert auf Statussymbole und ist häuslich veranlagt.
Die erste Dekade tendiert noch stark zum Sternbild des Krebses hin und kümmert sich daher gerne im Alleingang um Haus und Familie.

2. Persönlichkeitsanalyse: 6
Genau wie dem Sternzeichen, so entnehme ich auch der Numerologie die starke häusliche Bindung und das ausgeprägte Selbstbewusstsein der Kundin.
Zudem erkenne ich auch einen starken Hang zum Perfektionismus.

Meine Kundin neigt also dazu, die Dinge etwas zu genau zu nehmen.
Des Weiteren reagiert sie ausgesprochen sensibel, gefühlsbetont und aus dem Bauch heraus.

In diesem Zusammenhang sollte man ihr raten, die Dinge etwas lockerer zu sehen und sich nicht alles gleich zu Herzen zu nehmen.

3. Jahreszahl: 3
Dieser Zahl entnehme ich, dass die Zeit für Veränderungen für diese Dame günstig ist.

Auch wenn persönliche Prüfungen und Verluste drohen, so könnte sich ein Wechsel äußerst günstig auf ihr Leben auswirken.

Ebenso wäre es an der Zeit, sich aus veralteten Bindungen und Freundschaften zu lösen, und neue Bekanntschaften einzugehen.

In einem **weiteren Schritt** frage ich meine Kundin dann auch nach dem Geburtsdatum ihres Partners.

Dieses Wissen hilft mir, die familiäre Situation der Kundin zu klären, da ich so die aus der Numerologie ersichtlichen Grundeigenschaften beider Partner im Vergleich betrachten kann.

Erst jetzt bitte ich die Dame, die Karten zu mischen und eine **Tageskarte** zu ziehen:

Nr. 22 Wege

Entscheidungen sind gefragt.
Suchen Sie nach Lösungen.

Im Leben dieser Dame scheint also augenblicklich nicht alles so glatt zu laufen, wie sie sich das vielleicht wünschen könnte.

Mögliche, uns bisher noch unbekannte Probleme lassen sich nun nicht mehr so leicht vom Tisch wischen oder vielleicht sogar ganz ignorieren.

Die Karte ***Nr. 22 Wege*** zeigt die Notwendigkeit, sich nun endlich mit der Situation auseinander zu setzen und nach einem Weg zu suchen, Schwierigkeiten aus dem Weg zu räumen und ähnliche Unannehmlichkeiten in Zukunft zu vermeiden.

Prägen wir uns diese Tageskarte mit ihrer Aussage also gut ein, so dass wir ihr auch später im großen Kartenbild die nötige Aufmerksamkeit zukommen lassen können.

Übung:

Kartenbild

Bitte legen Sie das Kartenbild nach dieser Vorlage aus:
Wie zuvor erwähnt, gehört dieses Kartenbild einer Frau.

Nr.34 Fische	**Nr.8 Sarg**	**Nr.3 Schiff**	**Nr.28 Mann**	**Nr.36 Kreuz**	**Nr.6 Wolken**	**Nr.17 Storch**	**Nr.19 Turm**
Nr.24 Herz	**Nr.16 Sterne**	**Nr.11 Rute**	**Nr.29 Frau**	**Nr.25 Ring**	**Nr.4 Haus**	**Nr.12 Vögel**	**Nr.10 Sense**
Nr.26 Buch	**Nr.14 Fuchs**	**Nr.27 Brief**	**Nr.23 Ratte**	**Nr.9 Blumen**	**Nr.21 Berg**	**Nr.20 Park**	**Nr.31 Sonne**
Nr.35 Anker	**Nr.32 Mond**	**Nr.18 Hund**	**Nr.2 Klee**	**Nr.30 Lilie**	**Nr.33 Schlüs-sel**	**Nr.22 Wege**	**Nr.7 Schlan-ge**
		Nr.5 Baum	**Nr.13 Kind**	**Nr.15 Bär**	**Nr.1 Reiter**		

Erste Kartenreihe

Genaueres zur Kartendeutung, wie auch zu Kombinationen, erfahren Sie im Großen Selbstlernkurs **„Kartenlegen leicht erlernbar“**.

Die folgenden Aussagen beziehen sich auf das soeben ausgelegte Tableau (Vorlage 1).

Nr.34 Fische	Nr.8 Sarg	Nr.3 Schiff	Nr.28 Mann	Nr.36 Kreuz	Nr.6 Wolken	Nr.17 Storch	Nr.19 Turm

Die Kombination der beiden Karten ***Nr. 34 Fische*** und ***Nr. 8 Sarg*** lässt erkennen, dass sich die Fragestellerin momentan in einer äußerst belastenden finanziellen Notlage befindet.

Da wir bereits wissen, dass diese Dame im Zeichen des Löwen geboren ist, und uns somit die Grundzüge ihrer Persönlichkeit bekannt sind, ist uns bewusst, dass das Thema Geld in ihrem Leben eine ausgeprägte Rolle spielt.

Die beiden Karten besagen auch, dass sie auf ihre Essgewohnheiten achten sollte.

Zudem warnen ***Nr. 8 Sarg*** und ***Nr. 36 Kreuz*** vor Problemen mit dem Rücken.

Bitte vergessen Sie nicht:

Da auch die Karte des Partners in dieser Reihe liegt, beziehen sich die Krankheitswarnungen selbstverständlich ebenfalls auf ihn.

Das Geld und die Arbeit spielen deshalb auch im Leben dieses Mannes eine ausgeprägte Rolle, was uns nicht zu der nahe liegenden Fehlinterpretation verleiten darf, dass dieser Herr auch viel Geld besitzt.

Wie wir aus dem weiteren Kartenbild ersehen können, ist dies nämlich ganz und gar nicht der Fall.

(Beachten Sie in den folgenden Kartenreihen auch die Ängste und Probleme im Zusammenhang mit dem Arbeitsplatz des Mannes!)

Nr. 8 Sarg, Nr. 3 Schiff und ***Nr. 28 Mann*** sagen mir in dieser Kombination, dass die Frau unter der Tatsache leidet, dass ihr Mann ständig beruflich unterwegs ist, dabei jedoch leider nicht allzu viel Geld verdient (***Nr. 34 Fische*** mit ***Nr. 8 Sarg*** und ***Nr. 3 Schiff***).

Die daraus resultierenden Streitigkeiten häufen sich seit einigen Monaten erheblich und belasten die Beziehung der beiden stark. (Die Karte ***Nr. 3 Schiff*** wurde hier als **Zeitkarte** gedeutet!)

Nr. 36 Kreuz, Nr. 6 Wolken, Nr. 17 Storch und ***Nr. 19 Turm*** besagen hier folgendes:

Auch **zukünftig** wird es im Leben dieser Kundin immer wieder Unklarheiten geben.
Beruflich wird es sowohl bei ihr, als auch bei ihrem Partner zu Veränderungen kommen.

Bemerkung:
Kombinationen, die vor Krankheiten warnen, entnehmen Sie bitte dem Band „Kombinationen auf einem Blick".

Zweite Kartenreihe

Nr.34 Fische	Nr.8 Sarg ↙↓	Nr.3 Schiff	Nr.28 Mann ↙↓	Nr.36 Kreuz	Nr.6 Wolken	Nr.17 Storch	Nr.19 Turm
Nr.24 Herz	Nr.16 Sterne	Nr.11 Rute	Nr.29 Frau →	Nr.25 Ring →	Nr.4 Haus →	Nr.12 Vögel →	Nr.10 Sense →

Aus der zweiten Kartenreihe lässt sich unschwer erkennen, dass die Frau großen Kummer hat: Depressionen werden durch die Karten ***Nr. 8 Sarg*** und ***Nr. 16 Sterne*** ausgedrückt.
Nr. 8 Sarg und ***Nr. 24 Herz*** zeigen uns auch die ausgeprägte Furcht vor Liebesverlust.

***Ein Rat zum Thema Krankheitskombinationen*:**

Im Zusammenhang mit dem ausgelegten Kartenbild könnte man dieser Dame nun ebenfalls nahe legen, auf Herz, Kreislauf oder Blutdruck zu achten (siehe Lehrbuch III Kapitel Krankheiten).

Bei derartigen Auslegungen handelt es sich jedoch um ein äußerst umstrittenes und problematisches Thema.

Sofern Sie nicht über eine medizinische Ausbildung verfügen, möchte ich Sie bitten, Fremden gegenüber keinerlei Aussagen zum Thema Gesundheit zu machen.

Dies könnte eventuell übermäßige Ängste auslösen und im Endeffekt großen Schaden anrichten.
Auch das Thema Tod sollten Sie besser meiden!

Wenn Sie glauben, dieses Thema partout nicht umgehen zu können, so bitten Sie ihre Freunde oder Kunden doch ganz einfach, sich einmal von einem Arzt oder Heilpraktiker untersuchen zu lassen.
Gleiches gilt übrigens, wenn Sie einmal gezielt auf Krankheiten angesprochen werden.

Lehnen Sie es ab, sich genauer auf diese Fragen einzulassen.
Sind Sie weder Arzt/Ärztin noch Heilpraktiker/in, so dürfen Sie selbst keinerlei Diagnosen stellen!

Fahren wir also mit unserer Deutung fort:

Da der Partner dieser Dame beruflich sehr viel Zeit auf Reisen verbringt (***Nr. 3 Schiff*** und ***Nr. 28 Mann***), kam es bei diesem Ehepaar immer wieder zu Streitigkeiten (***Nr. 28 Mann, Nr. 11 Rute*** und ***Nr. 29 Frau***).

Unter diesen Unstimmigkeiten (***Nr. 11 Rute***) leidet meine Kundin sehr.
Diese Problematik ist eine der Ursachen ihrer Depressionen (***Nr. 16 Sterne*** *und* ***Nr. 8 Sarg***).

Neben der Karte ***Nr. 29 Frau*** liegen ***Nr. 25 Ring, Nr. 4 Haus, Nr. 12 Vögel***. Dies deutet auf Kummer in der Ehe und im häuslichen Bereich hin.

Da uns die Neigung der Konsultantin zu Depressionen und dem Gefühl der Hoffnungslosigkeit bereits bekannt ist, erkennen wir ebenfalls, dass wenig Aussicht auf Besserung der Situation besteht und sie bereits an Scheidung denkt (***Nr.25 Ring*** und ***Nr. 10 Sense***).

(Möchten Sie die ***Nr. 10 Sense*** zusätzlich in ihrer Funktion als Zeitkarte deuten, so könnten Sie auch sagen:
Es wird unerwartet oder plötzlich doch noch zur Auflösung der Ehe kommen.)

Nr.24 Herz → ←	**Nr.16 Sterne** → ←	**Nr.11 Rute** → ←	**Nr.29 Frau** ← →	**Nr.25 Ring** → ←	**Nr.4 Haus** → ←	**Nr.12 Vögel** → ←	**Nr.10 Sense** → ←

Achtung!

Da in dieser Achse (2. Reihe) ***keine Zukunftskarte*** liegt, kann man sowohl von links nach rechts, als auch von rechts nach links deuten.

Vorkommnisse, welche sich in dieser Reihe zeigen, können sich also immer wieder endlos wiederholen.

Probleme in Konstellationen ohne Zukunftskarten sind daher bekanntlich häufig Lernaufgaben, die es anzupacken und ein für alle Male zu überwinden gilt.

Wir können somit also feststellen, dass diese Dame in ihren Partnerschaften immer wieder aufs Neue leiden und sich von ihren Gefährten trennen wird.

Dies wird nun so lange der Fall sein, bis sie schließlich gelernt hat, sich sowohl um ein behagliches, sicheres Zuhause, als auch um die Gefühle ihres Partners zu bemühen (***Nr. 25 Ring*** *und* ***Nr. 12 Vögel****)*.

Da sie als Löwe der ersten Dekade jedoch ohnehin sehr häuslich veranlagt ist, dürfte es ihr allerdings nicht allzu schwer fallen, ihrem nächsten Partner ein angenehmes, sicheres Heim zu bieten.

Die dritte Kartenreihe gibt uns nun die Möglichkeit, unserer Kundin einen Rat zu geben, der sie aus ihrer unglücklichen Stimmungslage heraus führen kann:

Dritte Kartenreihe

Nr.34 Fische	Nr.8 Sarg	Nr.3 Schiff	Nr.28 Mann ↙↓	Nr.36 Kreuz	Nr.6 Wolken ↓	Nr.17 Storch	Nr.19 Turm
Nr.24 Herz	Nr.16 Sterne	Nr.11 Rute ↙	Nr.29 Frau ↓	Nr.25 Ring	Nr.4 Haus ↓	Nr.12 Vögel	Nr.10 Sense
Nr.26 Buch →	↙ Nr.14 Fuchs →	Nr.27 Brief →	↓ Nr.23 Ratte →	Nr.9 Blumen →	↓ Nr.21 Berg →	Nr.20 Park →	Nr.31 Sonne →

Die Kombination ***Nr. 3 Schiff*, *Nr. 29 Frau*** und ***Nr. 9 Blumenstrauß*** zeigt:
Die Dame sollte, auch wenn sie sich momentan einsam und ausgeschlossen fühlt und sich am liebsten verkriechen würde, auf jeden Fall versuchen, so oft wie möglich das Haus zu verlassen und unter die Leute zu gehen.

Neue Bekanntschaften und das Aufleben lassen alter Freundschaften würden ihr in ihrer augenblicklichen Lage neuen Auftrieb geben und ihr bei der Bewältigung Ihrer Schwierigkeiten von großer Hilfe sein.

Allerdings muss sie in diesem Zusammenhang auf Widerstand und vielleicht sogar einen handfesten Streit mit ihrem Mann gefasst sein (***Nr. 11 Rute*** und ***Nr. 28 Mann***), da dieser es nicht allzu gerne sieht, wenn seine Frau sich ohne ihn amüsieren geht.
Bitte beachten Sie die folgende Ausnahme:

Im oben gezeigten Fall haben wir tatsächlich einmal unsere Deutungslinien verlassen und benachbarte Karten miteinander interpretiert (***Nr. 3 Schiff*** und ***Nr. 29 Frau*** einerseits, ***Nr. 11 Rute*** und ***Nr. 28 Mann*** andererseits).

Dies ist immer dann möglich, wenn 4 Karten mit den Ecken aneinander stoßen.

Führen Sie diese Interpretation jedoch nur dann durch, wenn sich daraus eine sinnvolle Aussage ergibt, die Ihnen weitere Erkenntnisse bringen kann.
Ansonsten können und sollten Sie selbstverständlich innerhalb der Deutungslinien bleiben.

Vorsicht: Liegen die Karten nicht Ecke an Ecke, so ist die soeben gezeigte Möglichkeit **nicht** anwendbar!

Überspringen Sie niemals Karten außerhalb der Deutungslinien!

Fahren wir mit der dritten Kartenreihe fort:
Da es sich bei ***Nr. 26 Buch*** ebenfalls um eine ***Zukunftskarte*** handelt, können wir unseren nächsten Satz wie folgt beginnen:

➢ *„In Zukunft …“ oder: „Auch wenn sie im Augenblick noch nichts davon ahnt… wird sie eine Nachricht erhalten.“*

Diese Nachricht könnte sich als unangenehm herausstellen und wird unserer Kundin nervlich sehr zusetzen (***Nr. 23 Ratte***).

Da die Karte ***Nr. 20 Garten/Park*** in dieser Reihe liegt, könnte diese Nachricht übrigens auch behördlicher Natur sein.
Da sie in unmittelbarer Nachbarschaft (Ecke an Ecke) zur **Sense** liegt, hat sie möglicherweise ebenfalls etwas mit der bevorstehenden Scheidung zu tun.

Doch auch wenn besagte Nachricht im ersten Augenblick unangenehm erscheinen mag, so wird die Angelegenheit am Ende dennoch gut ausgehen.

Hier zeigt uns die Karte ***Nr. 31 Sonne***, dass wir auf einen von Erfolg gekrönten und strahlenden Ausgang hoffen dürfen.

Betrachten wir die Lage genauer, so erkennen wir ebenfalls, dass die Nachricht selbst nicht unbedingt schlecht sein muss. Durch die Verbindung zur Karte ***Nr. 9 Blumenstrauß*** könnte es sich nämlich auch um eine Einladung handeln.

Zunächst jedoch müssen Schwierigkeiten überwunden werden (***Nr. 21 Berg***). Vielleicht fürchtet die Frau auch die Reaktion ihres streitsüchtigen Ehemannes (***Nr. 28 Mann*** und ***Nr. 11 Rute***), oder glaubt sich anderweitig in Schwierigkeiten.

Schafft sie es jedoch, diese Hürden zu überwinden und sich hinaus unter Menschen zu begeben (***Nr. 20 Garten/Park***), so ist ihr der Erfolg sicher (***Nr. 31 Sonne***).

Sowohl im häuslichen Bereich, als auch in ihrer Ehe wird es für diese Dame leider nicht immer ganz ohne Belastungen und Unklarheiten ablaufen.

Gehen wir also von den Ungewissheiten im Leben dieser Dame aus (***Nr. 6 Wolken***), so können wir wie folgt deuten:

Im Leben der Kundin werden immer wieder kleinere und größere Belastungen, sowie Ängste aufkommen (senkrecht: ***Nr. 6 Wolken*** und ***Nr. 4 Haus*** sowie ***Nr. 21 Berg***) (diagonal: ***Nr. 6 Wolken*** und ***Nr. 25 Ring*** sowie ***Nr. 23 Ratte***).

Auch die augenblickliche finanzielle Lage belastet diese Frau sehr: Die 1. Karte des Tableaus, ***Nr. 34 Fische,*** Finanzen, ist und bleibt ihr derzeitiges Hauptproblem.

Übrigens:
Da sich die Zeitkarten mit ihren Aussagen Frühling und Herbst hier widersprechen, würde ich in diesem Fall davon abraten, diese Karten weiter in die Aussage mit einzubeziehen.

Nr.26 Buch →	**↙ Nr.14 Fuchs →**	**Nr.27 Brief →**	**Nr.23 Ratte →**	**Nr.9 Blumen →**	**Nr.21 Berg →**	**Nr.20 Park →**	**Nr.31 Sonne →**

Achtung:
Diesmal können wir **nicht** von rechts nach links, das heißt wieder zurück, deuten, da mit ***Nr. 26 Buch*** eine Zukunftskarte innerhalb dieser Deutungsreihe liegt.

Vierte Kartenreihe

Nr.34 Fische	Nr.8 Sarg	Nr.3 Schiff	Nr.28 Mann ↓	Nr.36 Kreuz	Nr.6 Wolken	Nr.17 Storch	Nr.19 Turm
Nr.24 Herz	Nr.16 Sterne	Nr.11 Rute	Nr.29 Frau ↓	Nr.25 Ring	Nr.4 Haus	Nr.12 Vögel	Nr.10 Sense
Nr.26 Buch	Nr.14 Fuchs	Nr.27 Brief	Nr.23 Ratte ↓	Nr.9 Blumen	Nr.21 Berg	Nr.20 Park	Nr.31 Sonne
Nr.35 Anker →	Nr.32 Mond →	Nr.18 Hund →	↓ Nr.2 Klee →	Nr.30 Lilie →	Nr.33 Schlüs-sel→	Nr.22 Wege →	Nr.7 Schlan-ge→

In der vierten Kartenreihe finden wir nun auch unsere **zuvor gezogene Tageskarte *Nr. 22*** wieder.

Wenden wir dieser Reihe daher unsere besondere Aufmerksamkeit zu:

Gleich zu Beginn der Reihe liegt die Zukunftskarte ***Nr. 35 Anker.***
Was auch immer auf die Konsultantin zukommen mag, es wird also innerhalb eines Zeitraumes von ungefähr zwei Jahren eintreffen.

Innerhalb dieses Zeitrahmens wird auch die Kundin endlich einen Weg finden, ihr zukünftiges Leben in die richtigen Bahnen zu leiten und sich von ihren Depressionen zu befreien.

Wie wir anhand der Karte ***Nr. 18 Hund*** erkennen können, wird sie innerhalb der genannten zwei Jahre einen neuen, jüngeren Mann kennen lernen, der ihr angeschlagenes Selbstbewusstsein wieder stärken wird (***Nr. 32 Mond***).

Diese neue Beziehung wird sie mit neuer Kraft und Energie erfüllen und sie wird sich endlich wieder ein wenig glücklicher fühlen (***Nr. 2 Klee***).

Allerdings wird diese Beziehung vorrangig auf der erotischen Ebene basieren.
Beide Partner fühlen ein starkes sexuelles Verlangen füreinander, das auch entsprechend intensiv ausgelebt werden wird (***Nr. 30 Lilie* und *Nr. 33 Schlüssel***).

- *Am Ende dieser Reihe liegt die Karte **Nr. 7 Schlange**.*
  Der junge Mann wird also eine andere, ebenfalls ältere Frau kennen lernen und mit dieser Frau gemeinsam neue Wege einschlagen
  *(**Nr. 22 Wege** und **Nr. 7 Schlange**).*

Auch wenn diese Beziehung also nicht von Dauer sein wird, so wird sie das Selbstbewusstsein unserer Kundin doch enorm stärken und ihr wieder das Gefühl geben, eine wertvolle und begehrenswerte Frau zu sein.

Nun kann auch sie sich endlich befreit fühlen und ihren Weg in ihr neues Leben gehen.

Wie wir später noch sehen werden, wird ihr dieser wünschenswerte Schritt auch gelingen!

Fünfte Kartenreihe

Nr.34 Fische	Nr.8 Sarg	Nr.3 Schiff	Nr.28 Mann ↓	Nr.36 Kreuz	Nr.6 Wolken	Nr.17 Storch	Nr.19 Turm ↙
Nr.24 Herz ↘	Nr.16 Sterne	Nr.11 Rute	Nr.29 Frau ↓	Nr.25 Ring	Nr.4 Haus	Nr.12 Vögel ↙	Nr.10 Sense
Nr.26 Buch	Nr.14 Fuchs ↘	Nr.27 Brief	Nr.23 Ratte ↓	Nr.9 Blumen	Nr.21 Berg ↙	Nr.20 Park	Nr.31 Sonne
Nr.35 Anker	Nr.32 Mond	Nr.18 Hund ↘	Nr.2 Klee ↓	Nr.30 Lilie ↙	Nr.33 Schlüs- sel	Nr.22 Wege	Nr.7 Schlan- ge
		Nr.5 Baum	↘↓↙ Nr.13 Kind	Nr.15 Bär	Nr.1 Reiter		

Die Karten ***Nr. 5 Baum*** und ***Nr. 13 Kind*** zeigen uns, dass unsere Kundin Mutter einer Tochter ist (***Nr. 5 Baum*** hier nicht als Zeitkarte gedeutet!).

Diese Tochter hat einen Freund oder Liebhaber, dem sie jedoch nicht vollkommen trauen kann oder möchte (diagonal ***Nr. 24*** + ***Nr. 14*** + ***Nr. 18*** + ***Nr.13 Kind***).

Wie bereits Mutter und Vater, so ist auch die Tochter nervlich belastet (senkrecht ***Nr.28*** + ***Nr. 29*** + ***Nr. 23*** + ***Nr. 2*** + ***Nr. 13***). ***Siehe Band:*** *„Kombinationen auf einem Blick".*

Bitte beachten Sie Folgendes zu den Personenkarten:

Da insgesamt nur 6 Personenkarten innerhalb eines Kartensets zur Verfügung stehen

- *Mann*
- *Frau*
- *Kind*
- *Hund*
- *Schlange*
- *Bär,*

ist es nicht immer ganz leicht, diese den entsprechenden Personen zuzuordnen.

Einzig die beiden Hauptpersonenkarten

- ***Nr. 28*** **(*Mann*)** und
- ***Nr. 29*** **(*Frau*)**

sind klar und ohne Umschweife einzuordnen.
Sie beziehen sich grundsätzlich auf den Frager/ die Fragerin, bzw. deren Partner.

Alle übrigen Personenkarten können innerhalb eines Tableaus je nach Zusammenhang (Deutungslinie!) unterschiedlich zugeordnet werden.

Dies bedeutet:

- Ausgehend von Mutter oder Vater kann sich die Karte ***Nr. 13 Kind*** auf die Tochter beziehen.
- Ausgehend von ***Nr. 19 Turm***, wäre sie hier jedoch als Arbeitskollegin zu deuten.

Wir erinnern uns

- *Das ganze Kartenbild gehört dieser Kundin. Die Karte Nr. 13 Kind kann also sowohl ihre Tochter, als auch eine jüngere Arbeitskollegin darstellen.*

Unsere Kundin wird beruflich immer wieder Belastungen mit Frauen bekommen (diagonal ***Nr. 19*** + ***Nr. 12*** + ***Nr. 21*** + ***Nr. 30*** + ***Nr. 13***).

Deshalb wäre ihr anzuraten, nicht allzu viel aus ihrem Privatleben auszuplaudern, um auf diese Weise Klatsch und Tratsch aller Art vorzubeugen.

Gerade in der beruflichen Umgebung sollte sie sich jedoch intensiv um gute Kontakte zu Kolleginnen und anderen Frauen bemühen.
Dies wäre übrigens auch ihrer Tochter ***Nr. 13*** zu raten.
Diese liegt nämlich in derselben Kartenreihe!

Wir lesen weiter im Tableau, diesmal diagonal

Nr.34 Fische	Nr.8 Sarg	Nr.3 Schiff	Nr.28 Mann	Nr.36 Kreuz	Nr.6 Wolken	Nr.17 Storch ↙	Nr.19 Turm
Nr.24 Herz	Nr.16 Sterne	Nr.11 Rute	Nr.29 Frau	Nr.25 Ring	↙↗ Nr.4 Haus	Nr.12 Vögel	Nr.10 Sense
Nr.26 Buch	Nr.14 Fuchs	Nr.27 Brief	Nr.23 Ratte	Nr.9 Blumen	Nr.21 Berg	Nr.20 Park	Nr.31 Sonne
Nr.35 Anker	Nr.32 Mond	Nr.18 Hund	Nr.2 Klee	Nr.30 Lilie	Nr.33 Schlüssel	Nr.22 Wege	Nr.7 Schlange
		↗ Nr.5 Baum	Nr.13 Kind	Nr.15 Bär	Nr.1 Reiter		

In Verbindung mit der Scheidung steht hier ebenfalls ein Wohnungswechsel an (diagonal ***Nr. 17 Storch*** + ***Nr. 4 Haus***), der sich positiv auf das weitere Leben der Kundin auswirken wird (positiv durch die Karte ***Nr. 9 Blumenstrauß,*** die in dieser Deutungslinie gleich im Anschluss liegt).

In der erweiterten Zukunft wird sich auch der Umzug wiederholen (***Erweiterte Zukunft Nr. 5 Baum*** + ***Nr. 4 Haus*** + ***Nr. 17 Storch***).

- Auch hier habe ich die Karte ***Nr.5 Baum***
  nicht als Zeitkarte gedeutet,
  da sich augenblicklich noch zu viele zeitliche
  Ungewissheiten im Tableau befinden.

Tipp:
Mehr zur erweiterten Zukunft finden Sie in meinem Lehrbuch IV.

Weiter in den Diagonalen!

Nr.34 Fische	Nr.8 Sarg	Nr.3 Schiff	Nr.28 Mann	Nr.36 Kreuz	Nr.6 Wolken	Nr.17 Storch	Nr.19 Turm
Nr.24 Herz	Nr.16 Sterne	Nr.11 Rute	Nr.29 Frau	Nr.25 Ring	Nr.4 Haus	Nr.12 Vögel	Nr.10 Sense
Nr.26 Buch	Nr.14 Fuchs	↙ Nr.27 Brief	Nr.23 Ratte	↘ Nr.9 Blumen	Nr.21 Berg	Nr.20 Park	Nr.31 Sonne
Nr.35 Anker	↙ Nr.32 Mond	Nr.18 Hund	Nr.2 Klee	Nr.30 Lilie	↘ Nr.33 Schlüs-sel	Nr.22 Wege	Nr.7 Schlan-ge
		Nr.5 Baum	Nr.13 Kind	Nr.15 Bär	Nr.1 Reiter		

Gehen wir an dieser Stelle von der Fragestellerin aus, so können wir zwei weitere interessante Aussagen treffen:

1) Nachdem es meiner Kundin mit Hilfe ihrer bereits erwähnten Affäre gelungen ist, ihr angeschlagenes Selbstbewusstsein wieder zu festigen, wird sie weitere Anerkennung von Außen suchen und neue Kontakte knüpfen (***Nr. 27*** + ***Nr. 32***).

2) Dies kann sie jedoch nur erreichen, wenn sie die Dinge selbst in die Hand nimmt und Bekannte zu sich einlädt (***Nr. 9*** + ***Nr. 33***).

Weitere Themen im Kartenbild

Ein Blick auf die senkrechten und diagonalen Deutungslinien zeigt uns die folgende Sachlage:

Nr.34 Fische ↓↖	**Nr.8 Sarg**	**Nr.3 Schiff**	**Nr.28 Mann**	**Nr.36 Kreuz**	**Nr.6 Wolken**	**Nr.17 Storch ↗**	**Nr.19 Turm**
Nr.24 Herz ↓	**↖ Nr.16 Sterne**	**Nr.11 Rute**	**Nr.29 Frau**	**Nr.25 Ring**	**↗ Nr.4 Haus**	**Nr.12 Vögel**	**Nr.10 Sense**
Nr.26 Buch ↓	**Nr.14 Fuchs**	**↖ Nr.27 Brief**	**Nr.23 Ratte**	**↗ Nr.9 Blumen**	**Nr.21 Berg**	**Nr.20 Park**	**Nr.31 Sonne**
↓ Nr.35 Anker	**Nr.32 Mond**	**Nr.18 Hund**	**↗↖ Nr.2 Klee**	**Nr.30 Lilie**	**Nr.33 Schlüs-sel**	**Nr.22 Wege**	**Nr.7 Schlan-ge**
		↗ Nr.5 Baum	**Nr.13 Kind**	**↖ Nr.15 Bär**	**Nr.1 Reiter**		

Finanziell (senkrecht ***Nr. 34 + Nr. 24+ Nr. 26***) ist unserer Kundin das Glück bald wieder hold.
Dessen ist sie sich aber zum Zeitpunkt der Kartenlesung noch nicht bewusst.

Die Karte ***Nr. 35 Anker*** sagt uns jedoch, dass diese Besserung ihrer Lage innerhalb eines Zeitraumes von ungefähr zwei Jahren eintreten wird.

Später wird sie dann einen älteren, reiferen, liebevollen Mann (***Nr. 15 Bär***) mit Kind heiraten, mit dem sie dann ebenfalls eine schöne Sexualität erleben darf.

Dieser Mann wird ihr nun auch endlich wieder die erhoffte Sicherheit geben, und auch die gemeinsamen Gespräche werden äußerst interessant und anregend sein.

- *Bitte beachten Sie, dass ich den Bären hier aus Gründen der Kongruenz nicht als Zeitkarte, sondern lediglich in seiner Funktion als älteren Mann gedeutet habe.*

Finanziell steht dieser Mann auf sicheren Füßen, was die Probleme der Frau erheblich lindern wird (diagonal ***Nr. 15 + Nr. 2 + Nr. 27 + Nr. 16 + Nr. 34***).

Ein Umzug steht in der erweiterten Zukunft ebenfalls noch einmal in den Karten (***Nr. 5 + Nr. 4 + Nr. 17***).

Auch werden immer wieder Reisen angetreten und Einladungen angenommen werden. Alles in Allem wird diese neue Beziehung ausgesprochen positiv verlaufen.

Bitte beachten Sie Folgendes:

Zum Zeitpunkt dieser Kartenlegung ist die Beziehung zu ihrem neuen Partner ***Nr. 15 Bär*** noch nicht eingetreten.

Sobald diese Beziehung sich gefestigt hat (oder die beiden Partner verheiratet sind), wird sich die Karte dieses Mannes im Tableau ändern:

Da zu einem späteren Zeitpunkt dieser Mann die Stelle des jetzigen (Noch -) Ehemannes angetreten haben wird, wird er bei zukünftigen Kartenlesungen im Kartenbild in Gestalt der Karte ***Nr. 28 Mann*** erscheinen.

Wie lese ich mehr aus einem Kartenbild heraus?

Die Erweiterung des großen Tableaus

Nachdem wir das große Kartenbild nun ausgelegt und mit all seinen Deutungslinien und zusätzlichen Kartenbedeutungen gedeutet haben, können wir die gemachten Aussagen weiter vertiefen, indem wir die bereits in Lehrbuch IV vorgestellte Methode der Paarlesung zur Anwendung bringen.

Sie erinnern sich:
Diese erweiterte Deutungsmöglichkeit dient in der Hauptsache der Bestätigung der bereits gemachten Aussagen und hilft uns, anhand der Anregungen, die wir auf diese Weise bekommen, zahlreiche Rückschlüsse auf die zu deutenden Geschehnisse zu ziehen.

Auch durch dieses Verfahren können wir die bereits gemachten Aussagen wieder erheblich verfeinern und vertiefen.

Schulen Sie Ihr logisches Denkvermögen und Ihre Kombinationsgabe, um anhand dieser Methode zu einer nie geglaubten Fülle von Informationen und Lösungsvorschlägen zu gelangen.

Können Sie bei dieser Leseweise keine logische Verbindung zum bisher Ausgesagten erkennen, und erscheinen Ihnen einzelne Kartenpaare einmal nicht stimmig, so lassen Sie dieses Verfahren an dieser Stelle zunächst besser beiseite.

Übergehen Sie diese Kartenpaare einfach und gehen Sie zum nächsten Punkt Ihrer Interpretation über.

Auf den folgenden Seiten möchte ich Ihnen zur weiteren Vertiefung noch einmal eine kurz zusammengefasste Anleitung zu diesem Verfahren geben.

Bitte beachten Sie die folgende Kartenreihe:

1	2	3	4	5	6	7	8
Nr. 31 Sonne	**Nr. 9 Blumen**	**Nr. 19 Turm**	**Nr. 11 Rute**	**Nr. 1 Reiter**	**Nr. 34 Fische**	**Nr. 12 Vögel**	**Nr. 2 Klee**

Bei dem angesprochenen Deutungsverfahren der Paarlesung gehen Sie auf recht einfache Art und Weise vor:

Wie die Bezeichnung Paarlesung bereits vermuten lässt, werden stets nur zwei Karten miteinander verbunden und gedeutet.
Im Gegensatz zu den üblichen Methoden werden wir hier allerdings nicht nach benachbarten oder angrenzenden Karten Ausschau halten, sondern das Kartenbild quasi in der Mitte spiegeln:

Wir interpretieren nun also gemeinsam.

die 1. und die 8. Karte
die 2. und die 7. Karte
die 3. und die 6. Karte
die 4. und die 5. Karte

In unserem Beispiel wäre dies also

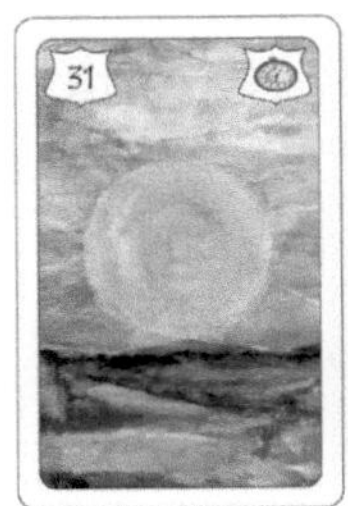

Nr. 31 Sonne und
Nr. 2 Klee

Erfolg bringt Glück mit sich

Nr. 9 Blumen und
Nr. 12 Vögel

Die Harmonie wird gestört
oder
nach dem großen Glück entstehen Schwierigkeiten

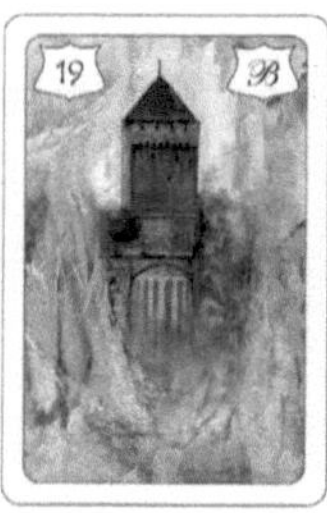

Nr. 19 Turm und
Nr. 34 Fische

Aufgrund des Gehaltes

Nr. 11 Rute und
Nr. 1 Reiter

kommen Streitgespräche auf

Noch einmal zur Erinnerung:
Wollen zwei Karten bei dieser Form der Interpretation einmal partout keinen Sinn zusammen ergeben, so übergehen Sie diese Verbindung bitte einfach und gehen Sie zum nächsten Kartenpaar über.

Zusammenfassung:

Zunächst scheint hier alles im grünen Bereich zu verlaufen.
Der Konsultant hat Erfolge vorzuweisen und ist im Allgemeinen glücklich und zufrieden mit sich und seinem Leben.
Dieses harmonische Leben wird jedoch von Sorgen überschattet.
Die Gehaltsvorstellungen des Kunden entsprechen nicht dem, was er tatsächlich ausbezahlt bekommt.
Deshalb versucht er, mit seinem oder seiner Vorgesetzten zu sprechen, was allerdings in ein Streitgespräch mündet.

Wie Ihnen bekannt ist, können wir die Karte Nr. 12 Vögel auch in ihrer zweiten Bedeutung interpretieren.
Um also die gewünschte Übereinstimmung in dieser Sache zu erreichen, könnte und müsste er sich um einen harmonischeren Gesprächsverlauf bemühen.

Sie sehen auch, dass sich in dieser Deutungsreihe keine Zukunftskarte befindet.
Daher kann es sich hier auch um eine Lernaufgabe handeln.
Entwickelt sich der Kunde anhand dieser Gespräche nicht weiter und lernt er nicht dazu, werden Diskussionen aller Art in seinem Leben immer wieder diese ungewünschte Wendung ins Negative nehmen.

Er sollte dieses Ereignis zum Anlass nehmen, sich um mehr Diplomatie und besseres Verhandlungsgeschick zu bemühen.

Das Abdecken des großen Tableaus

In Lehrbuch IV haben Sie ebenfalls bereits die Anleitung zum Abdecken des großen Kartenbildes erhalten.
Auch dieser Vorgang dient wieder der weiteren Vertiefung der aus den Karten gewonnenen Aussagen.

Bei diesem Verfahren erhalten Sie Ihre weiteren Angaben aus Kartenkombinationen, welche durch Herausnehmen und Abdecken besonders interessanter Themenkarten innerhalb des Grand Tableaus entstehen.

Diese Interpretationsmöglichkeit gibt uns nun die Chance, die bereits aus dem Tableau gewonnen Aussagen weiter zu verfolgen und neue Erkenntnisse hinzuzugewinnen.

Lassen Sie uns diese Technik im Folgenden noch einmal üben!

Hierzu nehmen wir nach der unten aufgeführten Vorlage jede 5. Karte aus dem Tableau heraus und legen diese vor uns auf den Tisch.
Dabei behalten Sie bitte die Reihenfolge bei, in der Sie die Karten dem Kartenbild entnommen haben.

Die Bildseiten dieser Karten sollten in diesem Fall gleich oben liegen, da wir sie zunächst im Zusammenhang untereinander deuten wollen, ehe wir sie zum Abdecken der Themen im Kartenbild verwenden!

Die Interpretation der so entstandenen zusätzlichen Deutungsreihe erfolgt in der üblichen Art und Weise und zeigt uns die Ereignisse der nächsten Zukunft an.

Anhand unseres Beispieles erhalten wir nun das folgende Bild:

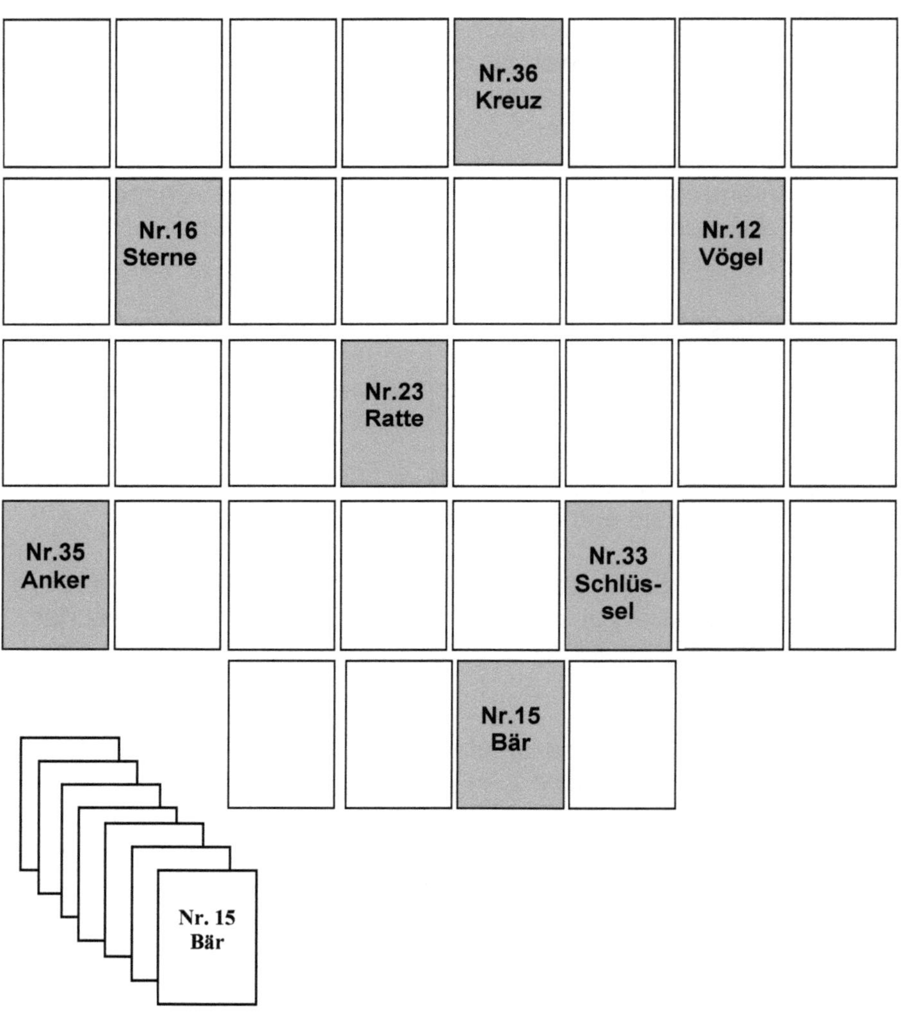

Diese 7 soeben herausgenommenen Karten stellen das nächste Ereignis dar.

Nr36 Kreuz	Nr.16 Sterne	Nr.12 Vögel	Nr.23 Ratte	Nr. 35 Anker	Nr. 33 Schlüs-sel	Nr. 15 Bär

- *Beziehen Sie diese Karten bitte stets auf das bereits ausgelegte Kartenbild, so dass sich keine unlogischen Aussagen ergeben, die dann unter Umständen in keinerlei Zusammenhang mit dem zuvor Gesagten stehen.*

- *Das große Kartenbild und die Aussage der sieben ausgelegten Karten müssen in ihren Grundzügen auf jeden Fall zueinander passen.*

Wir lesen wie gewohnt:

In der Zukunft wird diese Frau von Ängsten geplagt werden (***Nr. 36*** + ***Nr. 23*** zeigen in ihrer Kombination Zukunftsängste an).

Sie wird also in der nächsten Zeit noch viel durchzustehen haben. Auch Kummer und Depressionen werden sie noch eine ganze Weile lang belasten (***Nr.16*** + ***Nr. 12*** + ***Nr. 23***).

Wie wir bereits aus dem Tableau wissen, werden ihre Ängste sie noch eine geraume Zeit lang begleiten.

Zuvor jedoch

- *wird sie ihre finanziellen Probleme in den Griff bekommen.*
- *wird sie umziehen.*
- *wird sie eine neue Arbeitstelle finden.*
- *wird sie wieder einen Mann finden, der es ehrlich mit ihr meint.*

Innerhalb eines Zeitraumes von etwa 2 Jahren wird sie aktiv werden und ihr Leben wieder selbst in die Hand nehmen müssen.
Dass diese Chance durchaus besteht, erkennen wir an der Karte ***Nr. 33 Schlüssel***. Diese Karte bedeutet: aktiv werden, etwas unternehmen.

Dies ist eine große Chance, die nach Möglichkeit nicht verpasst werden sollte.

Wie wir in unserem Tableau gesehen haben, wird sie einen lieben, ehrlichen Mann kennen lernen, den sie schlussendlich auch heiraten wird.

Deshalb ist es für sie wichtig zu handeln, aufmerksam zu sein und ihre Chancen beim Schopf zu packen.

Beachten Sie bitte:
Ihre Kunden könnten sich leicht erschrecken, wenn von allzu großen Zeitspannen, wie beispielsweise 2 Jahren, gesprochen wird. Zeiträume, die mehrere Jahre umfassen, erscheinen oft riesig und unüberblickbar.

Dies gilt selbstverständlich insbesondere dann, wenn der betreffenden Person ein akutes Problem zu schaffen macht.

Mein Vorschlag wäre hier:

Sollten Sie bemerken, dass Ihr Kunde oder Ihre Kundin im Augenblick zu aufgeregt ist, um derart große Zeiträume zu überblicken, so erklären Sie ganz beiläufig:

Ein Zeitabschnitt von 2 Jahren bedeutet: In nächster Zeit, in einem halben Jahr, einem Jahr oder möglicherweise auch erst in 2 Jahren.
Lassen Sie also nicht gleich den Kopf hängen! Geben Sie nicht enttäuscht auf, sondern kommen Sie in die Gänge!
Machen Sie den ersten Schritt zu einer Veränderung, die Ihr gesamtes weiteres Leben beeinflussen wird.

Wenn Sie jetzt aktiv werden, können Sie erreichen, was Sie sich vorgenommen haben. Ihre Voraussetzungen innerhalb der nächsten zwei Jahre sind äußerst günstig. Sie verfügen über die notwendige Kraft und Ausdauer.

Lassen sie sich also nicht verunsichern und nehmen Sie Ihr Schicksal selbst in die Hand!

Noch einmal:
Diese Chance besteht tatsächlich, da ***Nr. 33 Schlüssel*** bedeutet:

- **aktiv werden,**
- **etwas unternehmen**.

Ich weise die Kundschaft also noch einmal darauf hin, dass diese Möglichkeit nicht ungenutzt verstreichen sollte.

Es ist also besonders wichtig,
aufmerksam zu sein, seine Sinne zu schärfen und sein Leben in die Hand zu nehmen.

Wir wissen um ihren zukünftigen Mann und wir wissen auch, dass er ihr Verständnis und Liebe entgegenbringen wird.

Es wäre doch schade, wenn sie ihn unbemerkt vorübergehen ließe.

Die Aussage der Karten bezieht sich zwar auf die tatsächliche Zukunft dieser Frau, jedoch sind dies lediglich große Möglichkeiten.

Es steht jedem Kunden natürlich frei, jederzeit einen anderen Weg einzuschlagen und nicht auf den Rat der Karten einzugehen.

Was unser Beispiel-Kartenbild betrifft, so sollte man der Kundin unbedingt Mut machen, weiterzumachen und zuversichtlich in die Zukunft zu sehen.

Ihre Ängste sind stark ausgeprägt und moralische Unterstützung tut deshalb in diesem Fall wirklich not.

Wie bereits erwähnt, handelt jeder Mensch auf seine eigene Weise. So werden Sie immer wieder auf Kunden stoßen, die Ansporn benötigen.

Andere Kunden werden Sie hingegen zu Geduld und Ruhe mahnen müssen. Hören Sie in diesem Zusammenhang einfach auf Ihre Intuition.

Jeder muss sein Schicksal
selbst in die Hand nehmen!

Nun mische ich die 7 Karten und lege sie verdeckt auf dem Tisch vor der Kundin aus.

Ich betrachte das Tableau aufmerksam und lasse mir für jedes Thema, über das die Dame mehr wissen möchte, eine der herausgenommen Karten reichen.

Beispielsweise:

- Ich deute auf die Geldkarte (**Fische**) und sage der Kundin:

➢ *Bitte denken Sie an Geld und geben Sie mir verdeckt eine Karte.*

Diese Karte lege ich verdeckt auf ***Nr. 34***.

- Ich deute auf ***Nr. 29*** und bitte um die nächste Karte.

- Ich deute auf ihren Mann, ***Nr. 28,*** und lasse mir auch hierzu eine Karte geben.

Die nächste Frage könnte nun lauten:

- Werde ich umziehen?

Mit Hilfe ihrer Intuition lasse ich mir nun also wieder eine Karte reichen. Da es sich um eine Kombination handelt, lege ich diese Karte diesmal auf zwei Karten: Auf ***Nr. 17*** *und* ***Nr. 4.***

Da diese beiden Karten zusammen liegen (diagonal) können wir das in diesem Fall tun.

- **Die 5. Karte** lege ich auf die ***Nr.19**,*
  da sich die Kundin eine neue Arbeit wünscht.

- **Die 6. Karte** werde ich auf die
  Nr. 25 Ring legen, da wir wissen wollen,
  wodurch ihre Ehe beendet werden wird.

- **Nun lege ich die letzte Karte** auf
  ***Nr. 9 Blumen**,* um zu erfahren, wann, wie
  und wodurch die Kundin glücklich werden wird.

Sie werden sehen, dass sich die Aussagen aus dem großen Tableau an dieser Stelle wiederholen werden.

Wir gehen nun also einen Schritt tiefer und können die Kundin so beruhigen, falls weiterhin Ängste bestehen sollten.

Nun decke ich die Karten der Reihe nach auf.

Der Ausdruck *der Reihe nach* bezieht sich in diesem Fall nicht auf die Reihenfolge, in der mir die Karten gereicht wurden, sondern bedeutet:

In der Reihenfolge, in der sie sich im Tableau befinden.

Ich decke also zunächst die 1. Karte auf:
Auf ***Nr. 34 Fische*** liegt nun die Karte ***Nr. 15 Bär***.

Da wir das große Tableau bereits interpretiert haben, fällt es uns leicht, dieses Kartenpaar auf das Problem der Frau hin zu deuten.

Somit könnte ich sagen:

- *Wir wissen ja bereits, dass Sie einen älteren Mann kennen lernen werden, der nicht unvermögend ist. Daher können Sie bereits ein wenig aufatmen. Sie brauchen Sie sich keine weiteren Sorgen um Ihre finanzielle Zukunft zu machen!*

Wir decken nun das 2. Kartenpaar auf.

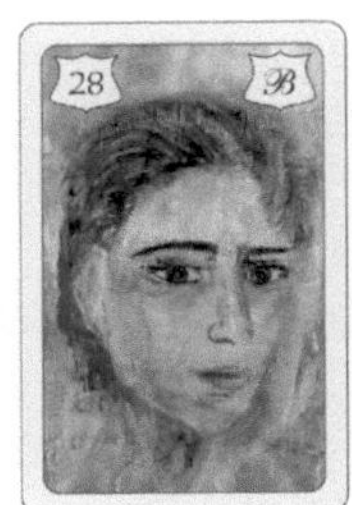

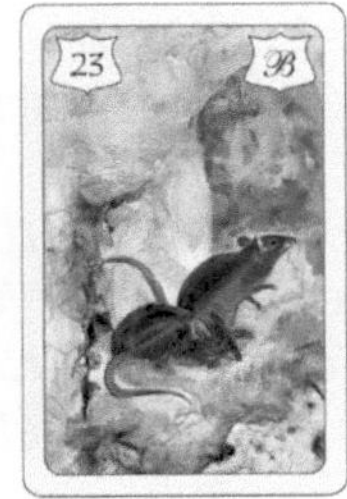

Diesmal liegt die Rattenkarte auf der Karte des Mannes.
Dies zeigt uns, dass nicht allein die Frau von Ängsten geplagt wird.
Auch ihr Mann macht sich große Sorgen.

Im großen Tableau konnten wir zuvor sehen, dass sowohl die Karte ***Nr. 34 Fische = Geld***, als auch ***Nr. 28 Mann*** in der 1. Kartenreihe liegen.

Wie bereits erwähnt bedeutet dies, dass sich die Geldsorgen ebenfalls auf den Ehemann beziehen.
Auch er fürchtet um seine finanzielle Sicherheit und Unabhängigkeit.

Seine Ängste könnten nun beispielsweise so aussehen:

- Wird er seiner Frau Unterhalt zahlen müssen?
- Wäre er finanziell überhaupt in der Lage, sich eine Scheidung zu leisten?
- Wie wird sich seine eigene finanzielle Situation zukünftig entwickeln?
- Was würde passieren, wenn er eines Tages vielleicht seine Arbeit verlöre?

So könnten wir diese beiden Karten interpretieren:

➢ *Liebe Frau, Sie haben Angst. Das ist in gerade in Ihrer Situation durchaus verständlich.
Aber sehen Sie:
Auch Ihr Mann ist verunsichert.
Ich würde beinahe sagen, Ihr Mann hat größere Angst als Sie, da die Karte* ***Nr. 23 Ratte,*** *die ja sowohl Angst, als auch Verluste symbolisiert, direkt auf seiner Personenkarte liegt.*

Die 3. Kartenaussage:

Bedeutung: Was die Zukunft betrifft, so kommt eine große Veränderung auf die Kundin zu.

Da die Karte ***Nr. 17*** in Kombination mit **Nr. 4** auch einen Umzug anzeigt, könnte man nun die folgenden Aussagen machen:

- *Sie werden in Kürze die Wohnung wechseln und auch in der Zukunft nochmals umziehen.*

Da Sie das große Tableau mit all seinen Grundaussagen ja bereits kennen und sich im Laufe der Kartensitzung mit der Kundin ausgetauscht haben, können Sie nun natürlich viel leichter interpretieren.

Lassen Sie bitte Ihre Intuition walten!

Bei der 4. Kartenaussage, legten wir eine Karte auf ***Nr. 19 Turm***.
Es geht hier also um die Arbeit.

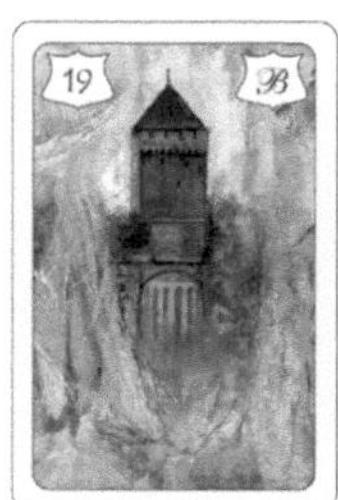

Die Aussage wäre diesmal:
Meine Kundin muss sich um einen neuen Arbeitsplatz bemühen. Dies wird jedoch nicht leicht werden.

Im Kartenbild selbst steht allerdings, dass sie mit Hilfe einer netten, hilfsbereiten Frau wieder eine Arbeitsstelle finden wird.

Wir könnten nun also sagen:

- *Sie werden sich sehr um eine neue Stelle bemühen müssen.*
  Dies wird nicht leicht für Sie werden. Werfen Sie die Flinte jedoch nicht gleich ins Korn, sondern bleiben Sie hartnäckig.
  Sie werden in absehbarer Zeit Hilfe durch eine andere Frau bekommen.
  Gemeinsam wird es Ihnen letztendlich gelingen, eine neue Arbeitsstelle für Sie zu finden.
  Geben Sie also die Hoffnung nicht auf!

Liebe Kollegin, Lieber Kollege,

Wie bei allen zusätzlichen Deutungsmöglichkeiten möchte ich Sie auch an dieser Stelle noch einmal bitten, sich zu jedem Zeitpunkt Ihrer Interpretation das zuvor ausgelegte und bereits besprochene Grand Tableau vor Augen zu halten.

Rufen Sie sich alle Aussagen, die Sie aus den zuvor angewandten Praktiken erhalten haben ins Gedächtnis zurück und achten Sie bei allen weiteren Techniken stets darauf, sich an keiner Stelle Ihrer Kartensitzung zu widersprechen.

Selbstverständlich werden Sie einige Ihrer Darlegungen im Laufe Ihrer Legung ein Stück weit modifizieren müssen.

Dies bedeutet jedoch nicht, dass die zuvor gemachte Bemerkung damit als falsch anzusehen wäre.

Sie machen sich an dieser Stelle lediglich weiterführende Informationen zu Nutze, und können so Ihre Angaben weiter verfeinern.

Auch beim Abdecken des großen Kartenbildes sollten Sie sich daher Ihre vorherigen Ausführungen ins Gedächtnis zurück rufen und die Aussagen der sieben herausgenommenen Karten dementsprechend kongruent formulieren.

Passen neue Erkenntnisse hingehen einmal so gar nicht in das bisher gemachte Bild, so denken Sie sich:

- *Warten wir erst einmal ab!*
  Gehen wir doch ganz einfach etwas später noch einmal tiefer in die Kartenlesung hinein und werfen dann einen weiteren Blick auf dieses Thema.

Möglicherweise hat diese kurze Zeitspanne schon dazu geführt, dass sich die neuen Eindrücke setzen konnten, und Ihnen kommt vielleicht die ersehnte „Erleuchtung". so dass Sie diese neuen Erkenntnis harmonisch in das Gesamtbild integrieren können.

Nun kommen wir zur 5. Kartenaussage:

Diese Frau muss all Ihre Kraft aufwenden und jede erdenkliche sich bietende Chance wahrnehmen.

Sie darf sich auf keinen Fall hängen lassen, da sie nach Aussage der ***Karte Nr. 33 Schlüssel**, aktiv werden und handeln,* ihr Glück und ihre Zukunft selbst aktiv und aus eigenem Antrieb heraus mitgestalten muss.

Um dieses Glück und diese Chancen muss sie jedoch zunächst einmal kämpfen, was ihr selbstverständlich nicht immer leicht fallen wird.

Wir alle kennen das Gefühl der Frustration und Hilflosigkeit, das Rückschläge und ungenutzte Chancen bei uns auslösen.

Da wir jedoch wissen, dass innerhalb einer Zeitspanne von etwa 2 Jahren eine Besserung eintreten wird, können wir dieser Kundin getrost viel Mut zusprechen und ihr weiterhin Hoffnung auf einen glücklichen Ausgang machen.

Weiter zur 6. Kartenaussage:

Wir legten eine Karte auf die Ringkarte, welche die Ehe oder eine feste Partnerschaft symbolisiert.

Die dort abgelegte Karte ***Nr. 16 Sterne*** steht für die Sehnsucht. In diesem Fall geht es also um die Sehnsucht nach einer neuen Partnerschaft.

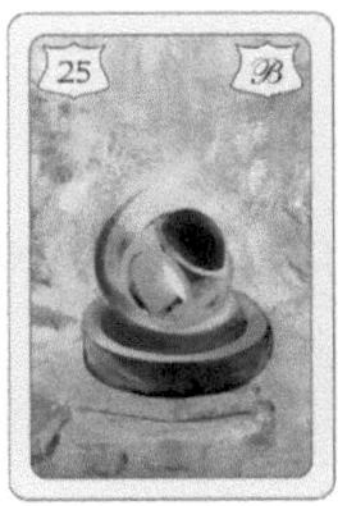

Auch diesmal müssen wir uns wieder an unsere Aussagen aus dem großen Kartenbild erinnern.

Wir wissen, dass die Karte ***Nr. 16*** das Gefühl der Sehnsucht symbolisiert, aber zugleich auch für Intuition und Sensibilität steht.

In Verbindung mit einer negativen Karte bedeuten die Sterne auch Leid und Depressionen.

Werfen wir nun einen Blick auf das große Tableau, so erkennen wir, dass die ***Ringkarte*** gleich rechts neben der Frau positioniert ist.

Auch die Karte ***Nr. 23 Ratte*** liegt direkt unterhalb der Dame.

Wir können nun also Folgendes sagen:

- *Derzeit sind Sie zugleich sehr traurig und empfindlich. Aus diesen Gefühlen heraus entstehen immer wieder Ängste und Zweifel, die sich allerdings als unnötig erweisen, da innerhalb eines Zeitraumes von ca. 2 Jahren alles zu einem guten Ende kommen wird. Auch Ihre Sehnsucht nach einer neuen Partnerschaft wird sich erfüllen.*

Kommen wir nun zur letzten Aussage der 7 gezogenen Karten:

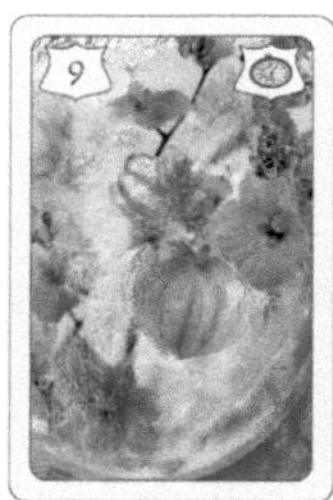

Auf ***Nr. 9*** legten wir mit ***Nr. 35*** eine Zeitkarte.

Daher können wir **die folgende Aussage machen:**

- *Sie haben wirklich allen Grund zur Freude, denn die weitere Lage stellt sich äußerst positiv dar!*
  Bereits innerhalb der nächsten 2 Jahre wird das große Glück gleich in mehreren Bereichen auf Sie zukommen.

Da die ***Nr. 25*** über der ***Nr. 9*** liegt und sich in der senkrechten Deutungslinie die Bärenkarte befindet, **können wir nun ebenfalls deuten:**

- *Sie werden das große Glück haben, einen Mann zu treffen, der Sie auch in sexueller Hinsicht sehr glücklich machen wird.
  Er wird sehr aktiv sein und viele Dinge gemeinsam mit Ihnen unternehmen.*

*Mag es auch jetzt in diesem Augenblick nicht allzu gut aussehen, halten Sie den Kopf hoch und den Blick nach vorne gerichtet.
Was auch immer geschehen ist, Ihre Zukunft ist es wert, den Kopf nicht hängen zu lassen!*

*Nehmen Sie den Rat der Karte **Nr. 33 Schlüssel** an, und Vergessen Sie niemals, um Ihr Glück zu kämpfen!
Es lohnt sich in jedem Fall!*

Geben Sie die Hoffnung nicht auf, Ihre Chancen stehen gut! Wenn Sie jetzt bei der Stange bleiben, werden Sie es schaffen, und wenn Sie in ein paar Jahren zurückblicken, werden Sie kaum nachvollziehen können, wie aussichtslos Ihnen Ihr Leben einmal erschienen ist!

Zusammenfassung der 7 Aussagen:

Wie Sie sehen, gibt es im vorliegenden Fall eine grundsätzliche Übereinstimmung der beiden Legetechniken.
Sie beziehen sich auf dieselbe Person und dasselbe Thema.

Sollte trotz allem einmal keine Übereinstimmung mit einem Kartenpaar zu entdecken sein, so dringen Sie mit Hilfe der durch das Abdecken entstandenen 7 Kartenpaare noch tiefer in die Materie ein.

Definieren Sie Ihre Aussagen genauer und haken Sie nach, wo eventuelle Unklarheiten bestehen blieben.

Vielleicht sind Sie oder Ihr/e Kunde/in mit den bereits gemachten Aussagen ja auch noch nicht ganz zufrieden und wünschen weitere Details.

Auch in diesem Fall können Sie mit den 7 Kartenpaaren weiterarbeiten.

Diese sind in unserem Fall:

3) *Nr. 34 + Nr. 15*
4) *Nr. 28 + Nr. 23*
5) *Nr. 17 + Nr. 4 + Nr. 36*
6) *Nr. 19 + Nr. 12*
7) *Nr. 29 + Nr. 33*
8) *Nr. 25 + Nr. 16*
9) *Nr. 9 + Nr. 35*

Im folgenden Kapitel werde ich Ihnen aufzeigen, wie Sie Ihre Darlegungen noch weiter ausbauen können!

Ich gehe immer tiefer in die Kartenlesung hinein

Möchten Sie zusätzliche Informationen über eine bestimmte Person erhalten, so können Sie dazu auch eine weitere Legetechnik anwenden:

Legen Sie die betreffende Personenkarte offen vor sich auf den Tisch und platzieren Sie die zuvor aufgedeckten Kartenpaare nach der im Folgenden beschriebenen Methode um diese Karte herum:

Beispiel - siehe Vorlage 1:

Legen Sie die Karte ***Nr. 29*** offen vor sich auf den Tisch bitten Sie daraufhin Ihre Kundschaft die übrigen Karten noch einmal gut zu mischen.

Lassen Sie sich die gemischten Karten reichen und legen Sie diese nun wieder verdeckt auf dem Tisch aus.

Ich selbst lege die Karten übrigens fächerförmig aus, um meinen Klienten das intuitive Auswählen der Karten zu erleichtern.

Die Kundschaft sollte jetzt wieder ihre Eingebung walten lassen und Ihnen eine Karten nach der anderen reichen.

Siehe Vorlage Seite 103!

Beginnen Sie nun mit Ihrer Interpretation!

1) Legen Sie die 1. Karte oberhalb der Personenkarte ab.

2) Legen Sie die 2. Karte unterhalb der Personenkarte ab.

3) Legen Sie die 3. Karte links neben die Personenkarte.

4) Legen Sie die 4. Karte rechts neben die Personenkarte.

5) Legen Sie die nächsten 2 Karten oberhalb der Personenkarte ab.

6) Legen Sie die nächsten 2 Karten unterhalb der Personenkarte ab.

7) Legen Sie die folgenden 2 Karten links neben die Personenkarte.

8) Legen Sie die folgenden 2 Karten rechts neben die Personenkarte.

9) Legen Sie eine Karte auf die Personenkarte.

10) Legen Sie, wenn noch Karten übrig sind (in unserem Fall ist das nur noch eine Karte), diese Karten unterhalb des Kartenbildes ab. Platzieren Sie diese Karten nun so, wie es die Vorlage zeigt.

    Falls Sie mit den Aussagen noch immer nicht zufrieden sind, können Sie anhand dieses Systems fortfahren, bis schließlich alle Karten ausgelegt sind.

Vorlage 1

Die Nummerierung der Karten in dieser Vorlage bezieht sich nicht auf die Kartennummer, sondern auf die Reihenfolge des Ablegens!

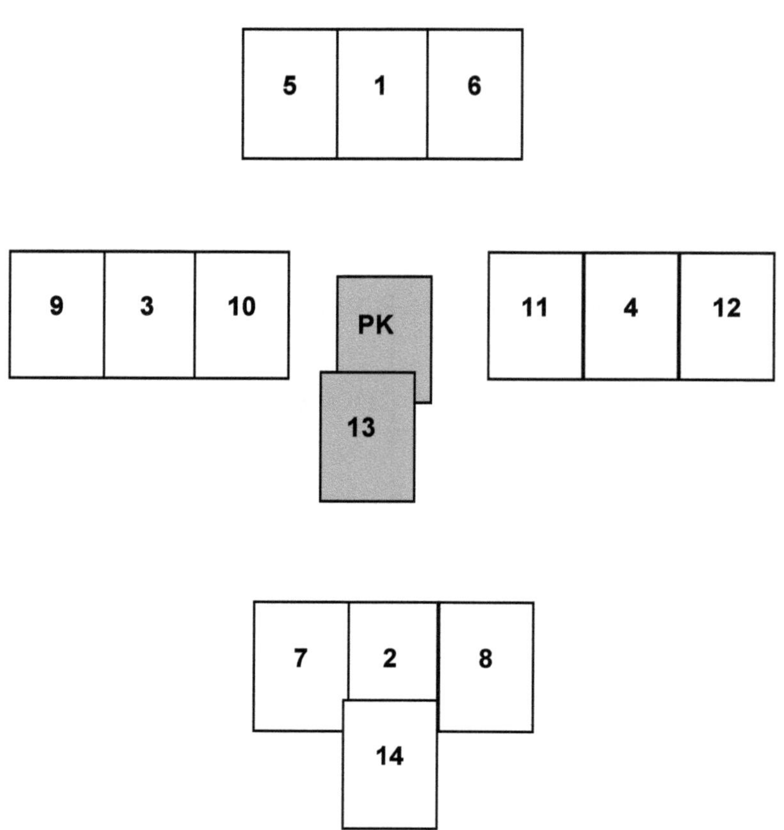

Nun haben Sie alle Karten ausgelegt und können mit Ihrer Deutung beginnen.

Bitte beachten Sie:
Die Zahlen beziehen sich nun wieder auf die Kartennummern!

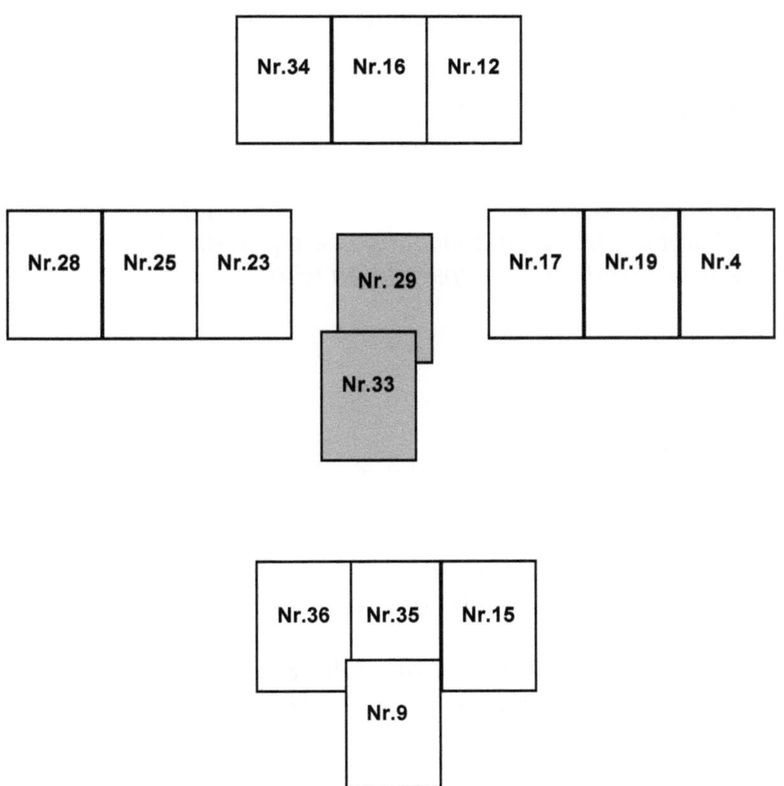

Das jetzt ausliegende Kartenbild können Sie wie folgt interpretieren:

1. Oberhalb der Personenkarte:
   Was geht im Kopf der Kundin vor?

   - *Diese Frau hat Kummer wegen des Geldes. Derzeit leidet Sie sehr darunter, da Sie nicht weiß, wie es in Zukunft weitergehen soll.*

2. Unterhalb der Personenkarte:
   Was sagt ihr Unterbewusstsein?

   - *Ihr Unterbewusstsein weiß bereits, dass in der Zukunft ein Mann (möglicherweise auch aus dem Ausland) auf sie zukommen wird.*

Bemerkung:

Bitte denken Sie bei der Deutung daran, dass die Karte ***Nr. 35*** *auch einen Zeitraum von etwa 2 Jahren bedeuten kann.*

3. Links neben der Personenkarte:
   Eine Sache ist vorbei, doch noch aktuell und wichtig.

   - *In Ihrer Ehe leidet diese Frau sehr. Sie fürchtet sich regelrecht vor ihrem Mann, der im Übrigen ebenfalls stark verunsichert ist. Ihre eigenen Ängste blockieren die Frau allerdings so sehr, dass sie von den Problemen Ihres Mannes nichts oder nicht genug mitbekommt.*

Nun unterbrechen wir die Lesung für einen Augenblick.

Liebe Kartenlegerin, Lieber Kartenleger!

In einem derartigen Fall sollten Sie Ihre Kundin darauf aufmerksam machen, dass sie sich von ihren Ängsten zu sehr blockieren lässt.
Raten Sie ihr, zur Ruhe zu kommen und ihre Angst so gut es geht beiseite zu lassen.
Dass dies nicht immer so leicht zu bewerkstelligen ist, wie es sich anhört, werden Sie mittlerweile selbst erfahren haben.

Geraten Menschen erst einmal in Panik und erlauben sie, Ihren Ängsten über ihr Leben zu bestimmen, so werden sie von ihrer Furcht regelrecht verfolgt.

Wenn Sie, liebe/r Kartenleger/in, mit Bachblüten, Steinen, Tensor oder ähnlichem arbeiten, so helfen Sie der Kundin auch unter Zuhilfenahme ihrer Erfahrungen mit diesen Hilfsmitteln.

Stehen Sie ihr bei, ihre Angst zu überwinden und sich dem Leben zu stellen.
Geben Sie ihr dabei das Gefühl, bei der Bewältigung dieser Aufgabe nicht alleine zu sein, sondern mit Ihnen eine starke Führerin an ihrer Seite zu haben.

Wie Sie wissen, bedeutet Kartenlegen nicht nur das Aufdecken und Darlegen von Fakten, sondern wirkliche Hilfe durch Lebensberatung.

Ängste können regelrecht Besitz von uns ergreifen.
Verunsicherte Menschen fühlen sich oft wie ein Kaninchen in der Falle, geraten in Panik und sehen keinen Ausweg mehr.

Sicher haben Sie selbst schon ähnliches erlebt:
So deutlich und unübersehbar die Lösung auch in den Karten zu sehen sein mag, in Augenblicken der Verzweiflung fällt Ihnen zu jedem möglichen Ausweg ein Gegenargument ein.

In gewissen Situationen braucht ein Mensch einfach Hilfe durch Dritte.

Wählen Sie Ihre Worte mit Bedacht und vergessen Sie nicht, Ihren Kunden immer wieder neuen Mut zu machen!

Das zentrale Thema Ihrer Arbeit sollte weniger die Wahrsagerei, als vielmehr die Lebenshilfe sein.

Ein guter Kartenleger ist in erster Linie immer Lebensberater/in, nicht Nostradamus!

Tipp:
Formulieren Sie Ihre Aussagen nach Möglichkeit positiv (nicht: Problem, sondern: Herausforderung).

Vermeiden Sie Formulierungen, welche bestehende Ängste schüren könnten oder Begriffe enthalten, auf die Ihre Kundschaft mit Schrecken reagiert.

Nehmen Sie Ihre Kunden mit all ihren Problemen und Wehwehchen bitte zu jeder Zeit vollkommen ernst!
Kein Problem ist lächerlich, selbst wenn Sie selbst es möglicherweise ohne Schwierigkeiten lösen könnten.

Als Berater/in befinden Sie sich in einer neutralen Position und können die Situation daher wesentlich besser überblicken

Ihre Kunden werden Ihnen für Ihre Unterstützung dankbar sein und Sie beim nächsten Mal gerne erneut aufsuchen.

Solange sie sich bei Ihnen gut aufgehoben und respektvoll behandelt fühlen, werden sie auch immer wieder auf Sie zukommen und Sie ihren Freunden und Bekannten weiterempfehlen.

Sie wissen:
Weiterempfehlung ist die beste Reklame!
Solange Sie bei Ihrer Arbeit seriös bleiben und wirkliche Hilfe leisten, sind am Ende nicht nur die Kunden zufrieden, sondern auch Sie selbst.

Fahren wir nun mit unserer Kartenlesung fort!

4. Neben der Personenkarte:
Was wird kommen?
Worauf sollte man achten?

- *Diese Frau wird einen Umzug tätigen, sowie eine Veränderung oder einen Wechsel an ihrem Arbeitsplatz erleben.*

5. Nun werfen wir einen Blick auf die Karte **Nr. 29**:
Da auf dieser PK die Karte **Nr. 33** liegt, sollte die Dame ihre Chancen unbedingt wahrnehmen und ihre Furcht überwinden.
Um ihre Zukunft braucht sie sich schließlich keine weiteren Sorgen zu machen.

6. Zum Schluss dieser Deutungsmethode zeigt uns die letzte Karte in Kombination mit der Karte ***Nr. 9***, dass diese Frau dem großen Glück entgegen geht.

Sagen Sie ihr also:

- *Es ist nur noch eine Frage der Zeit, bis die erhoffte Besserung eintreten wird.*
  Ja, im Moment mögen Sie eine unruhige Zeit vor sich haben, die Sie noch eine Weile in Atem halten wird.

  Ich weiß, Sie hatten auch kein einfaches Leben.

  Ihre Zukunft sieht jedoch gut aus.
  Mit ihrem zukünftigen Mann werden Sie in den kommenden Jahren noch viele Reisen unternehmen.

  Freuen Sie sich auf die strahlende Zukunft, die Ihnen bevorsteht.

Muntern Sie die Kundin auf und geben Sie ihr Kraft.
Sie wird es Ihnen danken und mit viel Kraft und Hoffnung nach hause gehen.

Durch diese Erweiterung des Kartenlegens werden Sie (falls erforderlich) zusätzliche Details aus dem gesamten Kartenbild lesen können.
Damit haben Sie wesentlich mehr Aussagekraft und eine ganze Reihe verschiedener Möglichkeiten, das Kartenbild umfangreich zu interpretieren, ohne von Ihrer ursprünglichen Aussage abzuweichen.

Möchten Sie noch weitere Informationen, wie beispielsweise mehr **über den *Mann Nr. 28***, in Erfahrung bringen, so verfahren Sie bitte nach demselben System.

Legen Sie dann entsprechend die **Karte *Nr. 28 Mann*** in die Mitte.
Auf diese Weise gewinnen Sie weiterführende Aussagen zu den bereits gedeuteten Karten.

Sollte Sie übrigens ein **anderes Thema** als die Personenkarte stärker interessieren, dann können Sie selbstverständlich auch diese Karte in den Mittelpunkt legen und alle weiteren Karten wie zuvor gezeigt darum herumplatzieren.

Die Deutung erfolgt dann wieder in der gleichen Art und Weise.

***Wichtig*:**
*Bitte achten Sie bei allen Lesearten, auch bei der soeben beschriebenen, immer auf die **Karten-Kombinationen**.*
Diese werden im Eifer des Gefechts leider immer wieder sehr schnell übersehen.

Tipp:
Sie können sich das Interpretieren wesentlich erleichtern, wenn Sie stets das Buch *Kombinationen auf einen Blick* zur Hand haben.

Auch hierbei sollte allerdings **Ihre Intuition** die entscheidende Rolle spielen.

Lassen Sie Ihrem Gespür und
Ihrem Gefühl freien Lauf.

Im Verlauf Ihrer Kartensitzung werden Sie nun immer tiefer in das Unterbewusstsein und die Probleme Ihrer Kunden vordringen.

Aus diesem Grund sollten Sie sich immer wieder vergewissern, dass Ihre Aussagen sich dem Grundsatz nach wiederholen.

Wollen die Deutungen gar nicht übereinstimmen, so haben Sie vielleicht etwas übersehen oder vorschnell hineininterpretiert.

Lassen Sie sich nicht aus der Ruhe bringen.
Sehen Sie in einem solchen Fall ganz einfach konzentriert noch einmal nach.
Und vergessen Sie nicht: Auch hier gilt das alte Sprichwort:

Übung macht den Meister!

Ein/e Kartenleger/in braucht vor allen Dingen Menschenkenntnis und ein Gespür für die Probleme anderer Leute.

Nach einer Weile und mit ein wenig Übung im Umgang mit Ihren Kunden wird es Ihnen nicht schwer fallen, gleich zu Beginn der Kartensitzung herauszuhören, ob der/die Kunde/in

a) lediglich Fragen stellt und Fakten hören möchte,

oder aber

b) persönliche Probleme hat und vorrangig
Hilfe durch Gespräche,
Hilfe durch Lebensberatung oder
natürliche Heilmittel, wie Bachblütentropfen,
Heilsteine (Kristalle) oder ähnliches,

benötigt.

Trainieren Sie also Ihre Menschenkenntnis in diesem Bereich und verfeinern Sie Ihre Antennen so weit, dass Sie gleich zu Anfang Ihrer Legung heraushören können, welche Art Klienten Sie vor sich haben.

Möchte eine Kundin nämlich nur Fakten hören, so werden Sie es schwer haben, wenn Sie sie von Steinen oder Bachblüten überzeugen wollen.

Diesen Wunsch sollten Sie nicht nur erkennen, sondern auch respektieren.

Sie können niemanden zwingen, seine innere Einstellung zu bestimmten Dingen zu ändern.

So überzeugt Sie selbst auch von einer ganzheitlichen Beratung sein mögen; interessiert sich Ihre Kundschaft lediglich für Tatsachen und ganz konkrete Fragen, so geben Sie ihr, wonach sie verlangt.

Gehen Sie deshalb zu jeder Zeit ganz und gar auf Ihre Kunden und deren Wünsche ein.

Dies sind dann die Kunden, die zu ihren Stammkunden werden.

Weitere Hilfsmittel zu diesem Kartenbild

Sicherlich ist Ihnen in diesem Kartenbild aufgefallen, dass sich im Leben der genannten Dame bestimmte Situationen immer wiederholen.

Möchten Sie nun etwas über die Hintergründe dieser Wiederholungen und die Ursprünge bestimmter Probleme erfahren, so können Sie zu meinen bewährten *Zigeunerkarten* greifen.

Mit Hilfe dieses speziellen Sets aus *14 Zusatzkarten* lassen sich Fragen nach dem *„Warum“ und „Weshalb“* schnell und einfach klären.

An dieser Stelle möchte ich Ihnen die Arbeit mit diesem Kartendeck noch einmal kurz vorstellen:

Erkundigt sich die Kundin nach dem Grund für die immer wiederkehrenden und zum Scheitern verurteilten Männerbeziehungen, so lassen wir sie eine der 14 speziell für mich gestalteten Zigeunerkarten ziehen.

In diesem Fall handelt es sich um die Karte „**Maske**“.

Grundbedeutung

Schutzschild,
Versteck,
Sicherheit

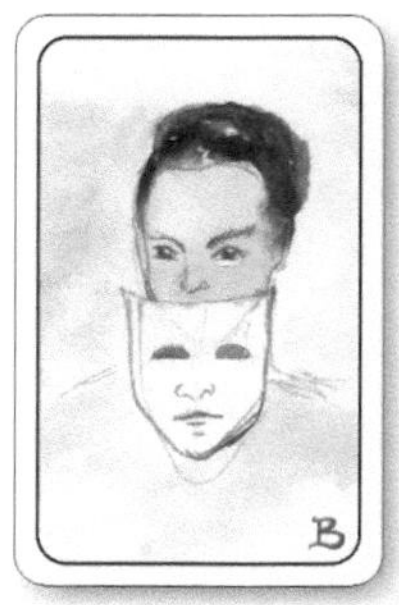

Wichtige Zwischenbemerkung zu den Zigeunerkarten

(Die Zeichnung wurde dem Zusatzbuch Zigeunerkarten entnommen.)

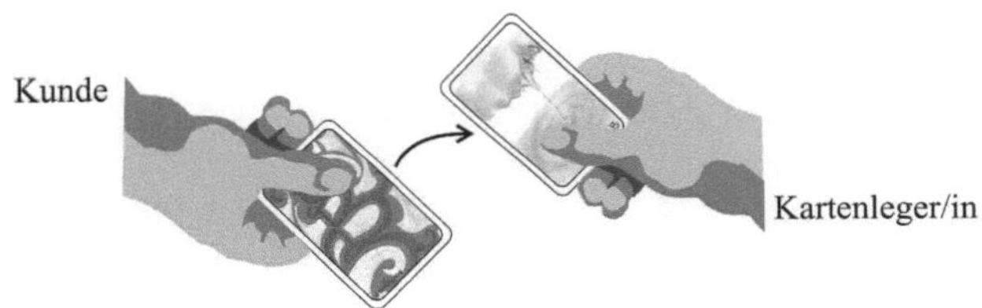

Nachdem eine Karte gezogen und umgedreht wurde, muss beachtet werden, wie diese Karte vor meiner Kundin liegt.

Die Position der Karte (richtig herum oder „auf dem Kopf stehend“) hat bei den Zigeunerkarten nämlich starken Einfluss auf die Interpretation.

Wie Sie gleich erkennen werden, ändert sich die Bedeutung der Karte durch ihre Lage ganz erheblich.

Wir legen die Karte so, wie sie gezogen wurde vor uns auf den Tisch.
Bitte drehen Sie die Karte nicht „richtig herum“, selbst, wenn das Bild auf dem Kopf steht.

Die Position der Karte ist hier von großer Wichtigkeit, da die Bedeutungen voneinander abweichen können.
Weiteres hierzu finden Sie in meinem Buch

Zigeunerkarten
„Die Frage nach dem Warum“.

In unserem Fall liegt die Karte aufrecht.
Wir deuten also nach der Grundbedeutung, die Sie oben neben der Karte sehen können.

So erkennen wir, dass es sich bei dieser Dame um eine zutiefst verunsicherte Frau handelt, die sich auf der ständigen Suche nach Sicherheit und Geborgenheit befindet.

Ihr ohnehin schwach ausgeprägtes Selbstbewusstsein wurde durch das Scheitern ihrer Ehe weiter beeinträchtigt.

Nun sucht sie die benötigte Bestätigung von Aussen, vorzugsweise durch die Anerkennung und Liebe von Männern.

Gleichzeitig fürchtet sie sich jedoch davor, noch einmal so tief verletzt zu werden, wie es in ihrer Ehe geschehen ist.

Diese Angst hält sie nun davon ab, sich wirklich auf diese Männerbeziehungen einzulassen.

So hat sie im Laufe der Zeit eine Art Schutzmechanismus entwickelt, der ihr nicht gestattet, Menschen tief in Ihr Herz aufzunehmen.

So lange sie keine tiefen Gefühle entwickelt, kann sie nämlich auch nicht tief verletzt werden.

Allerdings haben Beziehungen, die nicht auf Vertrauen basieren, in der Regel keine Zukunft.

Erst, als sie es nach langer Zeit endlich schafft, sich von ihren Zwängen zu befreien und neues Selbstbewusstsein zu entwickeln, hat sie auch wieder eine Chance auf eine glückliche, tiefer gehende Beziehung zu einem Mann.

Ist diese Hürde dann erst einmal genommen, kommt auch wieder eine erfüllte und dauerhafte Liebe auf sie zu.

Wenn Sie möchten, können Sie nun noch eine meiner **Ergänzungskarten** ziehen.

Die Ergänzungskarten können Ihnen helfen, die mittlerweile aufgedeckten Probleme der Kundin noch genauer zu analysieren. Vor allem jedoch geben sie uns einen konkreten Rat, wie am besten vorgegangen werden sollte.

Wir mischen also die *Ergänzungskarten* und bitten die Dame erneut darum, eine Karte zu ziehen.

In diesem Fall ist es unerheblich, ob die Karte richtig herum oder auf den Kopf gestellt liegt.
An der Bedeutung der Karten ändert sich nichts.
Bei der gezogenen Karte handelt es sich um die Karte „**Herzen**".

Liebe
liebevoll
Verständnis
Mitgefühl

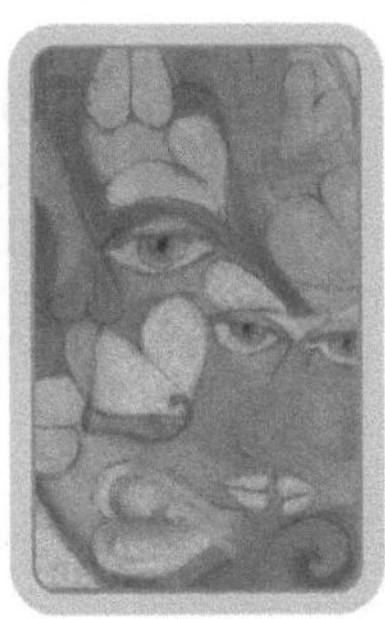

Die Herzen sprechen unsere Fähigkeit zu lieben und Verständnis zu entwickeln an.

Jeder Mensch, dem wir in unserem Leben begegnen, ist auf seine ganz eigene Weise liebenswert und wertvoll.

Diese Erkenntnis könnte man nun auf die Männerbekanntschaften unserer Kundin anwenden.

Unsere Dame ist nämlich nicht die Einzige, die in und unter diesen kurzen, zum Scheitern verurteilten Beziehungen leidet.

Selbst wenn sie es nicht böse meint und in diesen Augenblicken auch nicht anders handeln kann, so bricht sie doch Herzen auf ihrem Weg.

Welcher Mann möchte schon dazu benutzt werden, das angeschlagene Selbstbewusstsein einer Frau wieder aufzubauen, die ihn hinterher fallen lässt, wie eine heiße Kartoffel?

Doch auch sich selbst gegenüber sollte die Kundin liebevoller und toleranter sein.

Es ist an der Zeit, zu erkennen, dass sie ein liebenswerter und wertvoller Mensch ist, der gemocht, geliebt und anerkannt wird.

Niemand plant, sie vorsätzlich zu verletzen, ganz im Gegenteil. Diese Erkenntnis sollte unserer Kundin dabei helfen, endlich das so dringend benötigte Selbstbewusstsein zu entwickeln und auf sich selbst, ihren Wert und ihr Können zu vertrauen.

Wie beantworte ich konkrete Fragen zu einem Kartenbild?

Die Fragen, die in diesem Kapitel gestellt und beantwortet werden, entstammen wieder dem zuvor bereits gedeuteten Kartenbild.

Natürlich lässt sich jedes Kartenbild auf mehrere unterschiedliche Arten deuten.

Wie Sie eine ausführliche und umfassende Deutung des großen Tableaus einschließlich weiterer Hilfsmittel und Legesysteme durchführen können, haben Sie bereits im vorangehenden Teil des Lehrbuches gesehen.

Zuweilen werden Sie jedoch auch gebeten werden, ganz konkrete Einzelfragen zum Leben und zur Zukunft verschiedener Personen zu beantworten.

In einem solchen Fall ist es von großer Wichtigkeit, die relevanten Themen, Personen oder Kombinationen auf einen Blick zu erkennen und schnelle aber dennoch präzise Aussagen darüber machen zu können.

Diese Arten von Deutungen sind also um ein Vielfaches knapper und konkreter als die komplette Interpretation eines großen Tableaus von Anfang bis Ende.

Ein Kunde, der präzise fragt, macht das Kartenlegen und Deuten für jede/n Kartenleger/in leichter.
Diese Art der Kartendeutung ist ganz besonders zu Beginn Ihrer Tätigkeit als Kartenleger/in zu empfehlen.

Wir nehmen also an, eine Kundin käme zu Ihnen und stelle Ihnen lediglich direkte Fragen.

Sie wird die Karten zu Beginn der Beratung selbst mischen und so ihre Gedanken und Gefühle mit in die Reihenfolge des Tableaus einbringen.

Wie Sie sehen, so unterscheidet sich die Vorgehensweise bei der Beantwortung konkreter Fragen zunächst nicht wesentlich von der Methode, die Sie bei der Deutung eines ganzen Kartenbildes von Anfang bis Ende anwenden.

Sie verfolgen dieselben Grundprinzipien, lesen innerhalb der gleichen Deutungslinien. Lediglich die Art der Formulierung ist eine andere.

Durch die bereits klar gestellten Fragen ist dieses System natürlich knapper, präziser, einfacher.

Hier brauchen Sie lediglich Ausschau nach der jeweiligen Karte zu halten und von dieser aus innerhalb der Deutungslinien nach Antworten zu suchen.

Hören Sie einfach auf das, was Ihr Gefühl Ihnen sagt!

Vergessen Sie dabei jedoch bitte nicht, auf mögliche Kombinationen zu achten.

Tipp:
Wie Sie wissen, ist es nicht nötig, jede einzelne Karte des Tableaus zu interpretieren.

Sollte eine Karte in einer Deutungslinie keinen Sinn ergeben, überspringen Sie diese.

Bedenken Sie, dass diese Karte in einer anderen Deutungslinie sehr wohl sinnvoll sein könnte.
Es lohnt sich also, sie nicht völlig zu missachten.

Beispiele für mögliche Fragen:

1. Wird es in meinem Leben eine Scheidung geben?

2. Werde ich demnächst umziehen?

3. Wie sieht es mit meiner Arbeit aus?

4. Werden meine finanziellen Probleme sich auflösen?

5. Werde ich wieder einen Mann kennen lernen?

6. Werde ich nochmals heiraten?

7. Wird mein Mann nach unserer Scheidung wieder heiraten oder eine neue Beziehung eingehen?

Kommen wir nun also zur Beantwortung der obigen Fragen.

Auf den folgenden Seiten werde ich Ihnen anhand von

Beispieltableaus

aufzeigen, wie sich diese Fragen eine nach der anderen knapp und präzise beantworten lassen.

Kartenbild

Frage: *Wird es in meinem Leben eine Scheidung geben?*

Vorlage 1

Nr.34 Fische	Nr.8 Sarg	Nr.3 Schiff	Nr.28 Mann	Nr.36 Kreuz	Nr.6 Wolken	Nr.17 Storch	Nr.19 Turm
Nr.24 Herz	Nr.16 Sterne	Nr.11 Rute	Nr.29 Frau	Nr.25 Ring	Nr.4 Haus	Nr.12 Vögel	Nr.10 Sense
Nr.26 Buch	Nr.14 Fuchs	Nr.27 Brief	Nr.23 Ratte	Nr.9 Blumen	Nr.21 Berg	Nr.20 Park	Nr.31 Sonne
Nr.35 Anker	Nr.32 Mond	Nr.18 Hund	Nr.2 Klee	Nr.30 Lilie	Nr.33 Schlüs-sel	Nr.22 Wege	Nr.7 Schlan-ge
		Nr.5 Baum	Nr.13 Kind	Nr.15 Bär	Nr.1 Reiter		

Sie interpretieren:

………………………………………………………………………

………………………………………………………………………

………………………………………………………………………

………………………………………………………………………

Meine persönlichen Lösungsvorschläge:

Vorlage 1
Wird es in meinem Leben eine Scheidung geben?

- *Ein Blick in das Tableau zeigt mir, dass Sie in Ihrer Ehe viel zu leiden haben werden.*

  Immer wieder wird es zu Streit, Sorgen und Kummer kommen, was Ihnen auf Dauer zusetzen wird.

  Bemühen Sie sich nicht ausreichend um Harmonie im häuslichen Bereich, so könnte es letzten Endes tatsächlich zu einer Scheidung kommen.

Kartenbild

Frage: *Werde ich demnächst umziehen?*

Vorlage 2

Nr.34 Fische	**Nr.8 Sarg**	**Nr.3 Schiff**	**Nr.28 Mann**	**Nr.36 Kreuz**	**Nr.6 Wolken**	**Nr.17 Storch**	**Nr.19 Turm**
Nr.24 Herz	**Nr.16 Sterne**	**Nr.11 Rute**	**Nr.29 Frau**	**Nr.25 Ring**	**Nr.4 Haus**	**Nr.12 Vögel**	**Nr.10 Sense**
Nr.26 Buch	**Nr.14 Fuchs**	**Nr.27 Brief**	**Nr.23 Ratte**	**Nr.9 Blumen**	**Nr.21 Berg**	**Nr.20 Park**	**Nr.31 Sonne**
Nr.35 Anker	**Nr.32 Mond**	**Nr.18 Hund**	**Nr.2 Klee**	**Nr.30 Lilie**	**Nr.33 Schlüs-sel**	**Nr.22 Wege**	**Nr.7 Schlan-ge**
		Nr.5 Baum	**Nr.13 Kind**	**Nr.15 Bär**	**Nr.1 Reiter**		

Sie interpretieren:

....

....

....

....

Meine persönlichen Lösungsvorschläge:

Vorlage 2
Werde ich demnächst umziehen?

- *Ja, sie werden während oder gleich nach der Scheidung **Nr.25** und **Nr.10** waagrecht) umziehen.*

	Nr.6 Wolken	**Nr.17 Storch**	**Nr.19 Turm**
Nr.25 Ring	**Nr.4 Haus**	**Nr.12 Vögel**	**Nr.10 Sense**
Nr.9 Blumen	**Nr.21 Berg**	**Nr.20 Garten**	**Nr.31 Sonne**

Kartenbild

Frage: *Wie sieht es mit meiner Arbeit aus?*

Vorlage 3

Nr.34 Fische	Nr.8 Sarg	Nr.3 Schiff	Nr.28 Mann	Nr.36 Kreuz	Nr.6 Wolken	Nr.17 Storch	Nr.19 Turm
Nr.24 Herz	Nr.16 Sterne	Nr.11 Rute	Nr.29 Frau	Nr.25 Ring	Nr.4 Haus	Nr.12 Vögel	Nr.10 Sense
Nr.26 Buch	Nr.14 Fuchs	Nr.27 Brief	Nr.23 Ratte	Nr.9 Blumen	Nr.21 Berg	Nr.20 Park	Nr.31 Sonne
Nr.35 Anker	Nr.32 Mond	Nr.18 Hund	Nr.2 Klee	Nr.30 Lilie	Nr.33 Schlüs-sel	Nr.22 Wege	Nr.7 Schlan-ge
		Nr.5 Baum	Nr.13 Kind	Nr.15 Bär	Nr.1 Reiter		

Sie interpretieren:

……………………………………………………………………

……………………………………………………………………

……………………………………………………………………

……………………………………………………………………

Meine persönlichen Lösungsvorschläge:

Vorlage 3
Wie sieht es mit meiner Arbeit aus?

- *Im Zuge Ihrer Scheidung werden Sie sich gezwungen sehen, Ihre Anstellung aufzugeben.*

  Dies mag sich zunächst zwar ein wenig unangenehm anhören, wird sich jedoch positiv auf ihr weiteres Leben auswirken.

  Im Übrigen wird Ihnen eine ältere Frau in dieser Lage hilfreich zur Seite stehen.

Kartenbild

Frage: *Werden sich meine finanziellen Probleme auflösen?*

Vorlage 4

Nr.34 Fische	Nr.8 Sarg	Nr.3 Schiff	Nr.28 Mann	Nr.36 Kreuz	Nr.6 Wolken	Nr.17 Storch	Nr.19 Turm
Nr.24 Herz	Nr.16 Sterne	Nr.11 Rute	Nr.29 Frau	Nr.25 Ring	Nr.4 Haus	Nr.12 Vögel	Nr.10 Sense
Nr.26 Buch	Nr.14 Fuchs	Nr.27 Brief	Nr.23 Ratte	Nr.9 Blumen	Nr.21 Berg	Nr.20 Park	Nr.31 Sonne
Nr.35 Anker	Nr.32 Mond	Nr.18 Hund	Nr.2 Klee	Nr.30 Lilie	Nr.33 Schlüssel	Nr.22 Wege	Nr.7 Schlange
		Nr.5 Baum	Nr.13 Kind	Nr.15 Bär	Nr.1 Reiter		

Sie interpretieren:

……………………………………………………………………

……………………………………………………………………

……………………………………………………………………

……………………………………………………………………

Meine persönlichen Lösungsvorschläge:

Vorlage 4
Werden sich meine finanziellen Probleme auflösen?

> *Ja, das werden sie.*
> *Und zwar durch die Bekanntschaft eines älteren Mannes, der finanziell abgesichert, möglicherweise sogar wohlhabend ist.*
> *Dies wird innerhalb eines Zeitraumes von 9 Monaten der Fall sein.*
>
> *Übrigens wird dieser Mann auch Ihr zukünftiger Ehepartner werden.*

Kartenbild

Frage: *Werde ich wieder einen Mann kennen lernen?*

Vorlage 5

Nr.34 Fische	Nr.8 Sarg	Nr.3 Schiff	Nr.28 Mann	Nr.36 Kreuz	Nr.6 Wolken	Nr.17 Storch	Nr.19 Turm
Nr.24 Herz	Nr.16 Sterne	Nr.11 Rute	Nr.29 Frau	Nr.25 Ring	Nr.4 Haus	Nr.12 Vögel	Nr.10 Sense
Nr.26 Buch	Nr.14 Fuchs	Nr.27 Brief	Nr.23 Ratte	Nr.9 Blumen	Nr.21 Berg	Nr.20 Park	Nr.31 Sonne
Nr.35 Anker	Nr.32 Mond	Nr.18 Hund	Nr.2 Klee	Nr.30 Lilie	Nr.33 Schlüs-sel	Nr.22 Wege	Nr.7 Schlan-ge
		Nr.5 Baum	Nr.13 Kind	Nr.15 Bär	Nr.1 Reiter		

Sie interpretieren:

....

....

....

....

Meine persönlichen Lösungsvorschläge:

Vorlage 5
Werde ich wieder einen Mann kennen lernen?

- *Sie werden im Laufe der Zeit noch einige jüngere Männer kennen lernen, die es jedoch leider nicht ehrlich mit Ihnen meinen.*

  Die aus diesen Bekanntschaften entstehenden Beziehungen werden allesamt nur von kurzer Dauer sein und entweder durch Eifersucht, oder aber durch Untreue/andere Frauen beendet werden.

Kartenbild

Frage: *Werde ich nochmals heiraten?*

Vorlage 6

Nr.34 Fische	Nr.8 Sarg	Nr.3 Schiff	Nr.28 Mann	Nr.36 Kreuz	Nr.6 Wolken	Nr.17 Storch	Nr.19 Turm
Nr.24 Herz	Nr.16 Sterne	Nr.11 Rute	Nr.29 Frau	Nr.25 Ring	Nr.4 Haus	Nr.12 Vögel	Nr.10 Sense
Nr.26 Buch	Nr.14 Fuchs	Nr.27 Brief	Nr.23 Ratte	Nr.9 Blumen	Nr.21 Berg	Nr.20 Park	Nr.31 Sonne
Nr.35 Anker	Nr.32 Mond	Nr.18 Hund	Nr.2 Klee	Nr.30 Lilie	Nr.33 Schlüs-sel	Nr.22 Wege	Nr.7 Schlan-ge
		Nr.5 Baum	Nr.13 Kind	Nr.15 Bär	Nr.1 Reiter		

Sie interpretieren:

....

....

....

....

Meine persönlichen Lösungsvorschläge:

Vorlage 6
Werde ich nochmals heiraten?

- *Sie können sich freuen!*
  Bereits sehr bald werden Sie eine Bekanntschaft machen, die Ihr zukünftiges Leben bereichern wird.

*Sie werden einen älteren, reiferen, lieben Mann kennen lernen, den Sie später auch heiraten werden (**Nr. 36 Kreuz** = Zukunft; **Nr.25 Ring** + **Nr. 9 Blumen** = Hochzeit → Kombination!).*
*Dieser Mann wird bereits ein Kind (**Nr. 5 Baum + Nr. 13 Kind**) haben, das er auch mit in die Beziehung bringen wird.*
Auch mit diesem Mann werden Ihr sexuelles Leben und Ihre gemeinsamen Gespräche sehr erfüllend sein.
In finanzieller Hinsicht handelt es sich bei diesem Mann übrigens um eine so genannte „gute Partie".
Ihre Geldsorgen werden somit also endlich ein Ende finden

Frage: *Wird mein Mann nach unserer Scheidung wieder heiraten oder eine neue Beziehung eingehen?*

Vorlage 7

Nr.34 Fische	**Nr.8 Sarg**	**Nr.3 Schiff**	**Nr.28 Mann**	**Nr.36 Kreuz**	**Nr.6 Wolken**	**Nr.17 Storch**	**Nr.19 Turm**
Nr.24 Herz	**Nr.16 Sterne**	**Nr.11 Rute**	**Nr.29 Frau**	**Nr.25 Ring**	**Nr.4 Haus**	**Nr.12 Vögel**	**Nr.10 Sense**
Nr.26 Buch	**Nr.14 Fuchs**	**Nr.27 Brief**	**Nr.23 Ratte**	**Nr.9 Blumen**	**Nr.21 Berg**	**Nr.20 Park**	**Nr.31 Sonne**
Nr.35 Anker	**Nr.32 Mond**	**Nr.18 Hund**	**Nr.2 Klee**	**Nr.30 Lilie**	**Nr.33 Schlüs-sel**	**Nr.22 Wege**	**Nr.7 Schlan-ge**
		Nr.5 Baum	**Nr.13 Kind**	**Nr.15 Bär**	**Nr.1 Reiter**		

Sie interpretieren:

………………………………………………………………………

………………………………………………………………………

………………………………………………………………………

………………………………………………………………………

Meine persönlichen Lösungsvorschläge:

Vorlage 7
Wird mein Mann nach unserer Scheidung wieder heiraten oder eine neue Beziehung eingehen?

- *Nach Ihrer Scheidung wird Ihr Mann nicht alleine bleiben.*
  Er wird allerdings nicht nur eine Beziehung eingehen, die dann von Dauer wäre, sondern im Laufe seines Lebens noch mehrere Frauen kennen lernen.

  Ihr Mann hat jedoch ein Problem damit, sich allzu fest zu binden.
  Auch die weiteren Beziehungen in seinem Leben werden – genau wie Ihre eigene Ehe – immer wieder beendet werden.

  Sobald Ihr Mann sich blockiert oder eingeengt fühlt – was im Übrigen bei ihm relativ leicht der Fall ist - wird es immer wieder erneut zu einer Trennung kommen.

Übersicht: Beratungsgespräch

- Geburtsdatum nennen lassen

- Sternzeichen/ Dekade/ möglicherweise Aszendent

- Numerologie/ Personenanalyse/ Jahresanalyse

- Eventuell Daten des Partners

- Karten mischen lassen

- Tableau auslegen

- ***Wichtig***: Die **erste** Karte ansehen

- Wo liegt die PK der Kundschaft im Tableau?

- Partner und relevante Themen in den Karten suchen

- Deutungslinien/ Kombinationen/ Zusammenhänge/ Beziehungen beachten

- Fragen anbieten/beantworten, oder aber das Kartenbild Reihe für Reihe interpretieren

Kurzlegungen
Eigenschaften, Gedanken und Gefühle
einer Person interpretieren

Kurzlegungen – Eigenschaften, Gedanken und Gefühle einer Person interpretieren

An dieser Stelle möchte ich Ihnen noch eine schnelle aber höchst effektive Methode vorstellen, die momentane Gefühls- und Gedankenwelt einer Person zu beleuchten.

Mit Hilfe der folgenden Kurzlegung können Sie bereits anhand weniger Karten einen Einblick in die augenblickliche Lage erhalten.
Kurzlegesysteme wie dieses sind besonders bei Kunden sehr beliebt, welche gegenwärtig mit Liebeskummer und Beziehungsproblemen zu kämpfen haben.

Diese Klienten erhoffen sich ein Bild davon, was im Kopf der geliebten Person vor sich gehen mag.

Sie möchten in Erfahrung bringen, um wen sich die Gedanken des Partners drehen und ob er ihnen emotional noch so nahe steht wie zuvor.

Ich muss Sie allerdings warnen:

Durch die Kürze der Lesung und die beschränkte Anzahl der mit einzubeziehenden Karten mag diese Art der Kartendeutung zwar auf den ersten Blick relativ leicht erscheinen.

Achten Sie jedoch bitte stets darauf, sich nicht von dieser scheinbaren Einfachheit täuschen zu lassen.

Die Gefühle und Gedanken eines Menschen sind ein äußerst komplexes Gebilde, das sich nicht so leicht mit wenigen Handgriffen entschlüsseln lässt.

Bei dem im Folgenden vorgestellten Verfahren der Kurzlegung handelt es sich vielmehr um eine Deutungsmethode, die von jedem Kartenleger sehr viel Feingefühl und eine gehörige Portion Sicherheit und Übung im Umgang mit Menschen und ihren Emotionen verlangt.

Bedenken Sie bitte ebenfalls, dass Träume oft Schäume sind und sich Gedanken und Wünsche zuweilen von einer Sekunde auf die nächste ändern können.

Dies ist im Übrigen ein großes Glück, denn manchmal genügt zwar ein schneller Blick oder ein unbedachtes Wort, um uns in eine Stimmung wie drei Tage Regenwetter, oder vielleicht sogar ein richtiggehendes Gewitter, zu versetzen, jedoch reicht dann eben auch wieder eine kleine Freundlichkeit oder ein Lächeln zur rechten Zeit, um uns aus eben diesem Tief wieder herauszuholen.

Lassen Sie sich also nicht auf eine bestimmte Aussage zu Gefühlen und Gedanken festnageln.

Denkt der Ehemann einer Kundin in diesem Augenblick nicht an sie, so muss dies ja nicht zwangsläufig bedeuten, dass er sie nicht liebt.

Vielleicht hat er in diesem Moment ganz einfach anderes um die Ohren.
Wer sich gegenwärtig in einer wichtigen Diskussion befindet oder gerade dabei ist, einen komplizierten Text zu lesen, konzentriert sich in dieser Sekunde auf Dinge, welche in keinerlei Bezug zu den geliebten Menschen in seiner Umgebung stehen.

Fragt man Sie nun, ob dieser Mensch gerade an seine Partnerin denkt und Sie verneinen diese Frage wahrheitsgemäß, so ist diese Partnerin möglicherweise bitter enttäuscht und glaubt sich ungeliebt.

Gehen Sie deshalb bitte ausgesprochen umsichtig mit dieser Art der Kurzlegung um und treffen Sie keine Aussagen, die andere Leute eventuell in Schwierigkeiten bringen könnten.

Bleiben Sie daher zurückhaltend und machen Sie nur Aussagen, die Sie auch zu hundert Prozent vertreten können.

Sobald Sie die Technik dieses Kurzlegungssystems jedoch beherrschen, werden ihre Kunden von der Treffsicherheit Ihrer Aussagen begeistert sein und man wird auch immer wieder versuchen, Sie auf die Probe zu stellen:

- *Ob Sie die Gefühle wohl diesmal wieder richtig erraten werden?*

Wer sich hier vorschnell auf zu dünnes Eis wagt, kann leicht einbrechen.

Wie gut Ihre Menschenkenntnis und Intuition auch immer sein mögen, diesen Bereich sollten Sie auf alle Fälle sicher beherrschen, ehe Sie ihn in Ihre Lesung mit Kunden einbeziehen.

Noch einmal zur Erinnerung:
Das Lesen von Gefühlen ist eine heikle Sache und bedarf langjähriger Erfahrung und sehr viel Übung.

Ansonsten werden Sie Ihre Kunden unter Umständen nicht wieder sehen.

Ein Beispiel

Nach einem heftigen Streit mit einem Freund möchte eine Kundin mehr über die derzeitigen Gefühle ihres Freundes wissen.

Ihre Frage lautet also:
Wie geht es meinem Freund gerade?

Bitte nehmen Sie die Vorlage 1 von Seite 144 zur Hand.

Wie in der Vorlage gezeigt legen Sie zunächst die Karte ***Nr. 28 Mann*** in die Mitte, da es sich bei ihm um die Hauptperson dieser Schnelllegung handelt.

Als nächstes mischen Sie die 35 übrigen Karten intensiv und mit viel Gespür für den richtigen Augenblick.

Denken Sie während des gesamten Mischvorgangs konzentriert an die Person, deren Gedanken Sie nun zu erraten versuchen.

Breiten sie die Karten nun verdeckt fächerartig auf dem Tisch aus.
Gehen Sie in sich, konzentrieren Sie sich auf Ihre Frage und wenn Sie sich bereit fühlen, ziehen Sie intuitiv 4 Karten aus dem Fächer.

Achtung!
Ihre Gedanken dürfen dabei auf keinen Fall abschweifen!
Sobald Ihre Konzentration nachlässt oder Sie abgelenkt werden, ziehen Sie unausweichlich die falschen Karten!

Üben Sie diese Technik täglich! Vielleicht trainieren Sie mit einem Familienmitglied, dessen Gefühle Sie zu Anfang übungshalber erkunden.

Fragen Sie dabei immer wieder nach, ob Sie auch richtig liegen. Lassen Sie sich nicht entmutigen, wenn Sie anfangs mit Ihrer Interpretation danebenliegen.

Unter Umständen kann es Jahre dauern, ehe Sie diese Kunst vollständig beherrschen. Verlieren Sie also nicht die Geduld und üben Sie weiter – es lohnt sich!

Versuchen Sie aber auf gar keinen Fall sich an einem Kunden in dieser Kunst zu üben, ehe Sie diese Technik einwandfrei beherrschen!

Sollten Sie zum Beispiel fälschlicherweise einem Ehepartner Gefühle für eine andere Frau nachsagen, so kann dies großen Schaden verursachen; bis hin zum Auseinanderbrechen einer ganzen, eigentlich glücklichen, Familie!

Wenn Sie sich Ihrer Sache also nicht vollkommen sicher sind, sollten Sie diese Technik auf keinen Fall bei Ihren Kunden anwenden!

Üben Sie einfach mit Bekannten und Freunden weiter, bis sie die Methode quasi im Schlaf beherrschen.

In unserem ***Beispiel*** möchte eine Kundin also wissen:

- *Wie geht es meinem Freund gerade?*

Ziehen Sie also die Karten und legen diese anhand der Vorlage aus.

Die Zahlen beziehen sich auch hier wieder auf die Reihenfolge, in der sie gezogen wurden und **nicht** auf die Nummerierung der Karten im Set!

Vorlage 1

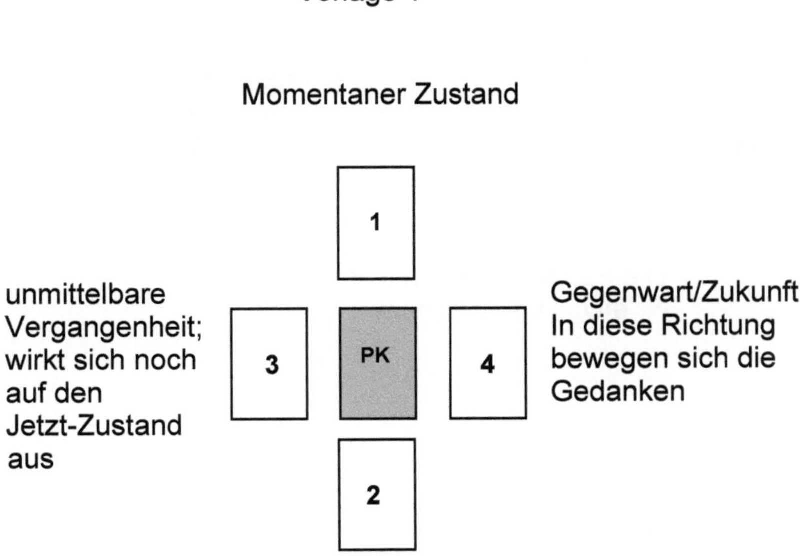

Beginnen wir mit unserer Interpretation!

Momentan dreht sich bei diesem Mann noch alles um seine Partnerin, über die er, wohl aufgrund des Streites, stark verärgert ist.

Dieser Ärger sitzt tief in ihm.

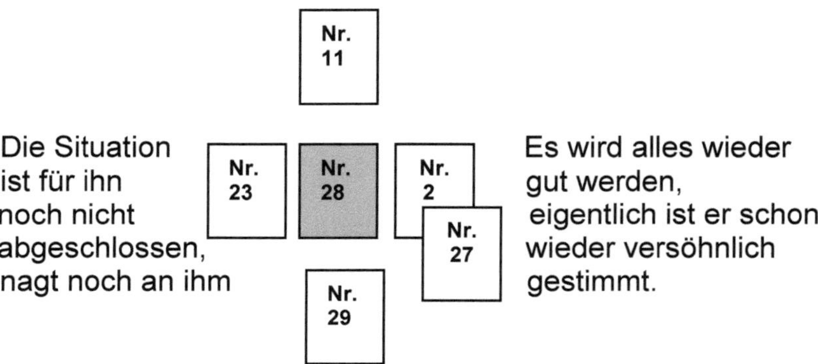

Die Partnerin wird in Kürze etwas von ihm hören.

Bitte beachten Sie:
Hier beziehen sich die Zahlen übrigens wieder auf die Nummerierung der Karten (also z.B. ***Nr. 28*** **= Mann**).

Sehen Sie sich zunächst die senkrechte Deutungslinie an. Diese umfasst die Karten ***Nr. 11 + Nr. 28 + Nr. 29***.

Im Kopfbereich des Mannes liegt die **Nr. 11 Rute**.
Da seine Partnerin Gegenstand seiner Gefühle ist, ärgert er sich in unserem Beispiel also über sie.

Links neben ihm liegt die ***Nr. 23 Ratte***.
Dieser Ärger nagt also noch immer stark an ihm.
Er war und ist immer noch sehr zornig.

Da jedoch **rechts** die Karte ***Nr. 2 Klee*** liegt, denkt er bereits unbewusst an Versöhnung.
Die Karte ***Nr. 2*** sagt ebenfalls aus:
Es wird *in Kürze* wieder gut werden (Zeitkarte).

Wie Sie sehen, sind die Zeitkarten in dieser Legung von Wichtigkeit!

In Verbindung mit den Karten Nr. ***11 + Nr. 23*** sagt diese Karte jedoch ebenfalls aus, dass der Mann noch immer verärgert ist und das *Problem noch gewaltig an ihm nagt* (***Nr.*** **11 + Nr. 23**).

Nun möchten wir wissen, was in Kürze geschehen wird.
Dazu ziehen wir noch eine weitere Karte und legen diese auf die ***Nr. 2***.

Wir ziehen also beispielsweise die ***Nr. 27 Brief***. Die Karte ***Nr. 27*** hat die folgende Aussage: Nachricht, Telefon, Fax, SMS oder E-Mail ...

Nun lassen Sie bitte wieder Ihre Intuition walten!

Sie könnten nun beispielsweise sagen:

- *Bald wird ihr Partner von sich hören lassen.*

  Freuen Sie sich auf seine Nachricht und seien Sie nicht nachtragend.
  Der Ärger nagt immer noch stark an ihm.
  Achten Sie darauf, dass alles wieder in Ordnung kommt und reichen Sie ihm die Hand zur Versöhnung!

Wie Sie sehen, benötigen Sie sehr viel Feingefühl und Einfühlungsvermögen, um diese Aussagen machen und vertreten zu können.

Diese Technik verlangt daher eine genaue Einschätzung nicht nur der Hauptperson der Kurzlegung gegenüber, sondern in besonderem Maße auch, was die eigentliche Klientin betrifft.

Achten Sie bei jeder dieser Legungen äußerst genau darauf, wie die Kunden ihre Fragen formulieren.

Hören Sie auf den Klang ihrer Stimme und erkennen Sie auf diese Weise, wie vorsichtig oder sachte Sie der jeweiligen Kundschaft die gestellten Fragen beantworten müssen.

Bevor Sie die Technik der Kartenlesung „Gefühle" für Ihre Kunden anbieten, müssen Sie also sehr viel Zeit in das Üben investieren.

Glauben Sie mir:
Kunden kontrollieren tatsächlich immer wieder, ob die Gefühle auch wahrheitsgemäß gelesen wurden.
Kann man es ihnen verübeln?

Noch einmal:
Üben Sie bitte nicht an Ihren Kunden!

Wenn Sie ein Versuchskaninchen brauchen, so suchen Sie sich Freunde oder Bekannte und klären Sie diese bereits im Vorfeld über ihre ungewöhnliche Aufgabe auf.

Bitte beachten Sie:
Natürlich wäre es nun rein theoretisch möglich, auch die eben gedeutete Situation genauer zu untersuchen, indem wir auf ***Nr. 27*** eine weitere Karte legen.

Es erfordert jedoch ein extremes Maß an Fingerspitzengefühl und Übung, die Gefühle einer Person bis ins letzte kleine Detail hinein auszuleuchten.
Deshalb möchte ich diese Legeweise an dieser Stelle beenden und hoffe hierbei auf Ihr Verständnis.

Gefühle sind etwas äußerst Privates und mit einer ungenauen Interpretation kann man sehr schnell mehr Schaden als Nutzen bringen.

Bedenken Sie bitte immer, dass auch Sie sich unwohl fühlen würden, wenn Sie wüssten, dass jemand Ihre geheimsten Gefühle zu erraten versucht.

Wenn Sie sich also entscheiden, diese Methode in Ihren Beratungen zur Anwendung zu bringen, achten Sie bitte genau auf Ihre Worte.
Formulieren Sie lieber etwas zu allgemein, als zu direkt.

Unsere Aufgabe besteht schließlich darin, unseren Kunden zu helfen und ihnen ihre Sicherheit und ihr Vertrauen zurückzugeben.

Zum guten Schluss
noch ein paar wichtige Kombinationen:

Nr. 2 Klee Nr. 33 Schlüssel	*Sofort etwas unternehmen!*
Nr. 6 Wolken Nr. 22 Wege	*Unbedingt Klarheit verschaffen!*
Nr.6 Wolken Nr.2 Klee	*Unklarheiten lösen sich bald wieder auf.*
Nr. 13 Kind Nr. 14 Fuchs	*Vorsicht vor naiven Entscheidungen!*
Nr. 15 Bär Nr. 7 Schlange Nr. 25 Ring	*Diese Kombination deutet auf ein älteres Paar hin.*
Nr.31 Mond Nr. 6 Wolken Nr. 22 Wege	*Entscheidungen sollten überschlafen werden.*
Nr. 7 Schlange Nr. 14 Fuchs	*Eine ältere Frau ist mit Vorsicht zu genießen.*
Nr. 23 Ratte Nr. 27 Brief Nr. 6 Wolken	*Vorsicht: Verträge sind unklar*
Nr. 18 Hund Nr. 14 Fuchs Nr. 6 Wolken	*Hüten Sie sich vor einem falschen Freund!*

Schlusswort

Nun haben wir also eine Reihe gemeinsamer Beratungen durchgeführt, viel interpretiert und einige, hoffentlich hilfreiche, Ratschläge erteilt.

Mit Hilfe Ihrer mittlerweile anhand meiner Lehrbücher erworbenen Fähigkeiten sollte es Ihnen nunmehr gelingen, selbstständig Beratungen durchzuführen und Ihre Kunden oder Bekannten ein Stück weit auf den richtigen Weg zu geleiten.

Wenn Sie bereits als Kartenleger/in tätig sind, so hat Ihnen dieser Band vielleicht neue Erkenntnisse oder Anregungen gebracht.
Doch auch wenn Sie lediglich für sich selbst oder enge Freunde legen, so werden Sie erfreut feststellen, wie viel präziser Ihre Aussagen nun sein werden.

Nehmen Sie trotz Ihres nunmehr weit vorangeschrittenen Wissens ruhig auch immer wieder einmal die vorhergehenden Lehrbücher zur Hand und schmökern Sie ein wenig darin herum.

Auch im Falle der Zusatzbücher schadet es nie, immer wieder einmal einen Blick hineinzuwerfen und sich die verschiedenen Interpretations- und Kombinationsmöglichkeiten wieder ins Gedächtnis zu rufen.

Auf diese Weise behalten Sie auch das Basiswissen, das Ihrer Arbeit ein stabiles Fundament gibt, stets im Auge.

Nun wünsche ich Ihnen weiterhin viel Freude beim Kartenlegen und hoffe, dass Ihnen das vorliegende Buch viele neue Anregungen und Hilfestellungen gebracht hat!

Ihre Britta

Weitere Lehrwerke im Brika-Verlag

Der große Selbstlernkurs

nach Art der Madame Lenormand

Die vorliegende Neuausgabe in einem Band enthält Übungen und Illustrationen der Lehrbücher I-IV, ist jedoch aktualisiert und um ein Vielfaches erweitert worden.
Auf diese Weise erarbeiten wir uns gemeinsam Schritt für Schritt eine solide Basis, die Ihnen auf Ihrem Weg zum professionellen Kartenlegen eine große Hilfe sein wird.
Auf jede Übung folgt meine eigene Interpretation. Beispiele geben Ihnen nun die Chance, Ihr Können innerhalb eines größeren Sachzusammenhanges anzuwenden und Ihr neu erworbenen Fähigkeiten zu vertiefen
Abbildungen: **Brittas Wahrsagekarten** nach Art der Madame Lenormand und die Karten der **Blauen Eule**

Brittas Wahrsagekarten mit Begleitbuch

- Jede Karte wird ausführlich erklärt und gedeutet, anhand des exklusiv für Britta gestalteten außergewöhnlichen Kartedecks
- Viele zusätzliche Anregungen und Denkanstöße.
- Zuordnungen zu Sternzeichen, Edelsteinen, Farben, Chakren, Berufen und Eigenschaften
- Zeitkarten sind mit einer Uhr gekennzeichnet, Zukunftskarten mit einem Auge.

Kartenlegen leicht erlernbar

nach Madame Lenormand

Der neue Kompaktkurs 2. Auflage

Die vorliegende **Neuausgabe** Auflage 2 des **Kompaktkurses** enthält alle Übungen und Illustrationen des vorangehenden Kompaktkurses, ist jedoch aktualisiert und um ein **Vielfaches** erweitert worden. (Ausschnitte aus den Lehrbüchern I - IV), Der **neue Kompaktkurs**, der Sie mit allen notwendigen Informationen und dem Basiswissen versorgt, das Sie für das Kartenlegen benötigen, jedoch vorwiegend für den „Hausgebrauch", also das schnelle Kartenlegen für sich selbst und die eigene Familie, sowie Freunde und Bekannte geeignet ist.

Abbildungen: **Brittas Wahrsagekarten** nach Art der Madame Lenormand und die Karten der **Blauen Eule.**

Das große Übungsbuch

nach Art der Madame Lenormand

Die Übungen im vorliegenden Band eignen sich sowohl für die Arbeit mit dem großen Selbstlernkurs, Kompaktkurs, als auch mit den Lehrbüchern 1-7, zum Fernkurs oder zu meinen Seminaren können sie begleitend eingesetzt werden.
Wer sich intensiv mit dem Kartenlegen befasst, möchte irgendwann auch einen Punkt erreichen, an dem es ihm möglich ist, selbständig und ohne größere Schwierigkeiten eine sinnvolle Aussage über eine Situation und deren mögliche Ausgänge machen zu können.
Wie in den meisten Fällen kann auch beim Kartenlegen nicht genug darauf hingewiesen werden, wie wichtig stetes Üben für das Erreichen dieser Sicherheit ist.
Zahlreiche Übungen werden Ihnen helfen, ein besseres Gespür für Ihre Karten zu bekommen und nach und nach ein Gefühl für die richtige, nämlich die der jeweiligen Situation angepasste, Bedeutung einer Karte, einer Kartenreihe, oder letzten Endes eines ganzen Tableaus zu bekommen.

Kipperkarten leicht erlernbar

Kompaktkurs

in vier Schritten zum erfolgreichen Kartenlegen

Die seit Jahrhunderten beliebten Kipperkarten werden hier in einem einzigartigen, leicht nachvollziehbaren und übersichtlichen Lehrbuch schnell und verständlich erklärt!

- Kipperkarten verstehen und deuten lernen
- Alle Karten mit ihren Bedeutungen, die Kipperkarten im Tableau
- Die Beziehungen der Karten untereinander, Kombinationen
- Verschiedene Legesysteme, Schnelllegesysteme
- Die Astrologische Jahres-Kartenlegung, das Einbeziehen von Zusatzkarten, Hinweise zur Arbeit mit der Tageskarte
- Tipps für Fortgeschrittene, zahlreiche Tipps und bildliche Darstellungen, Übungen und Lösungsvorschläge

Zigeuner-Wahrsagekarten leicht erlernbar

Kompaktkurs

in vier Schritten zum erfolgreichen Kartenlegen

Die Autorin und Kartenlegerin Britta Kienle widmet sich in diesem Band den beliebten Zigeunerkarten, die vielen Interessierten als einfacher und schnell zu erlernender Einstieg in die Welt der Wahrsagekarten dienen können.

- Die 36 Zigeunerkarten und ihre Bedeutungen
- Das Ziehen einer Tageskarte
- Das schnelle Erkennen von Verbindungen, erste Kartenbilder
- verschiedene Legesysteme
- Das kleine Kreuz und seine Erweiterung
- Zusätzliches Abdecken ausgewählter Karten
- Kombinationen und weitere Besonderheiten, Zukunfts- und
- Zeitkarten, Jahreszeiten, alle Personenkarten im Überblick
- Zahlreiche Tipps, bildliche Darstellungen, Übungen und Lösungsvorschläge

Tarot leicht erlernbar

Kompaktkurs

einfach und schnell mit den großen Arkanen

Dieses einmalige, unvergleichliche Lehrsystem bietet einen leicht nachvollziehbaren und klaren Einstieg in die Welt des Tarots.

Die Karten werden Schritt für Schritt verständlich gemacht, wobei sich diese Technik zunächst ausschließlich der großen Arkanen bedient.

Selbst Partnerschaften und Beziehungen von Menschen untereinander lassen sich mit diesen Karten bereits genauer analysieren.

Zahlreiche Beispiele und Übungen mit Lösungsvorschlägen und Interpretationshilfen bringen Licht in das Dunkel, das Hobbykartenlegern den Umgang mit den Tarotkarten so lange unnötig erschwert hat.

Ferner bietet Ihnen dieses Buch ein kleines Lexikon der wichtigsten Tarotbegriffe, einen Überblick über die Bedeutung der Tarotkarten als Tageskarten, sowie einen kleinen Einstieg in die Numerologie für das Tarot.

Zusätzlich: Kurzbedeutungen im Hinblick auf: Liebe, Finanzen, Beruf und allgemeine Charaktereigenschaften.

Empfehlenswerte Zusatzbücher zum Selbstlernkurs

Das Interpretieren lernen, die Kombinationen auf einen Blick erkennen, weitere Legesysteme und Deutungsmethoden.

Lehrbücher V-VII (Zur Vertiefung des Kartenlegens)

Sie wollen tiefer in das Kartenlegen eindringen, mehr Wissen sammeln und sich vielleicht sogar selbständig machen?

Ergänzungsbücher zum Kartenlegen (Auch zu anderen Kartendecks einsetzbar)

Sie haben eine schnelle Frage z.B.

- Wie sieht es heute mit meiner Stimmung, Laune aus?
  *Ziehen Sie eine Stimmungskarte
- Wie soll man auf einen Disput reagieren?
  *Ziehen Sie auf die Frage eine Ergänzungskarte
- Weshalb ist etwas geschehen?
  *Ziehen Sie eine Zigeunerkarte, um die Antwort zu erhalten.

Übersicht: Brittas bewährtes Lehrsystem

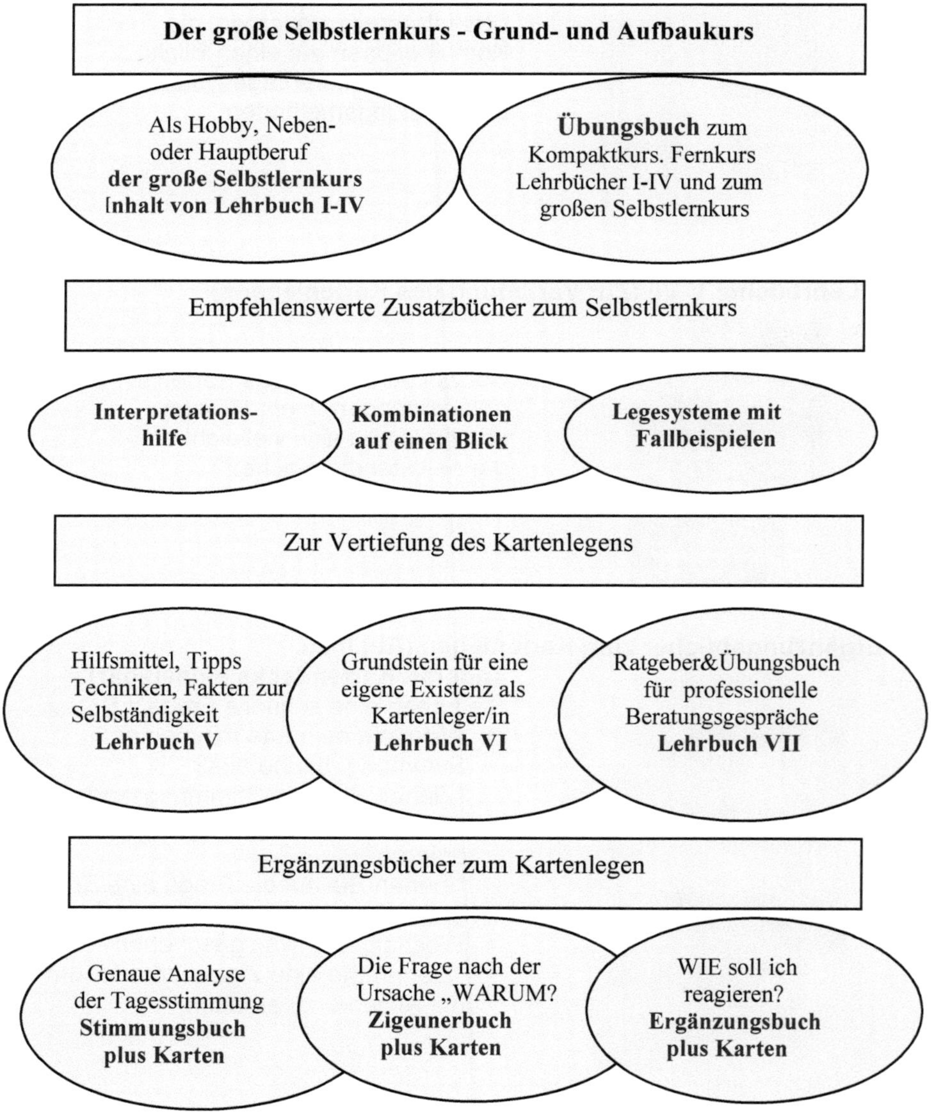

Der große Selbstlernkurs - Grund- und Aufbaukurs

Als Hobby, Neben- oder Hauptberuf **der große Selbstlernkurs Inhalt von Lehrbuch I-IV**

Übungsbuch zum Kompaktkurs. Fernkurs Lehrbücher I-IV und zum großen Selbstlernkurs

Empfehlenswerte Zusatzbücher zum Selbstlernkurs

Interpretations-hilfe

Kombinationen auf einen Blick

Legesysteme mit Fallbeispielen

Zur Vertiefung des Kartenlegens

Hilfsmittel, Tipps Techniken, Fakten zur Selbständigkeit **Lehrbuch V**

Grundstein für eine eigene Existenz als Kartenleger/in **Lehrbuch VI**

Ratgeber&Übungsbuch für professionelle Beratungsgespräche **Lehrbuch VII**

Ergänzungsbücher zum Kartenlegen

Genaue Analyse der Tagesstimmung **Stimmungsbuch plus Karten**

Die Frage nach der Ursache „WARUM? **Zigeunerbuch plus Karten**

WIE soll ich reagieren? **Ergänzungsbuch plus Karten**